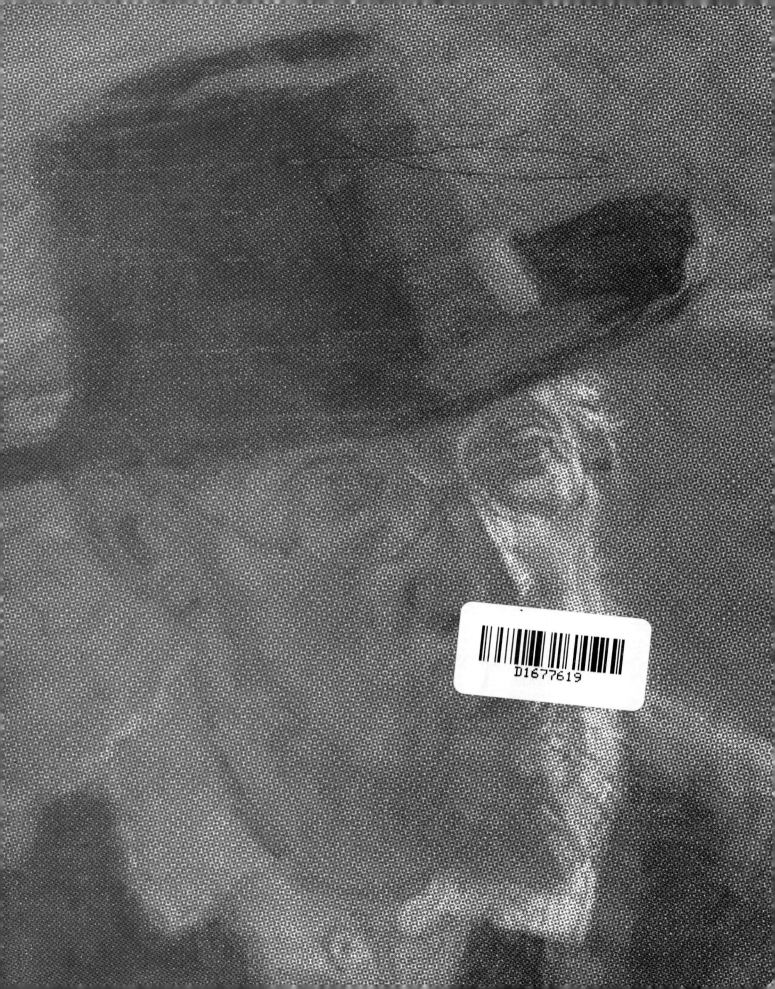

HEINRICH BRELING

1849-1914

Heinrich Breling, Foto um 1880

HEINRICH BRELING
1849-1914

Zum 150. Geburtstag des Malers
von der Gesellschaft Otto Modersohn
und dem Fischerhuder Kunstkreis e.V.
herausgegeben
anläßlich der Ausstellung vom
19. Dezember 1999 - 13. Februar 2000
im
OTTO MODERSOHN MUSEUM
Fischerhude

Inhalt

5 Vorwort und Dank
7 **Heinrich Breling - Erinnerungen an einen vergessenen Maler**
Christian Modersohn
Die Bilder
34 Die Münchner Zeit
47 Die Fischerhuder Zeit
Bildtexte
34 Wolf-Dietmar Stock
95 **Die Schlachtenbilder um Beaune-la-Rolande**
Christian Modersohn
106 **Anmerkungen zu Leben und Werk von Heinrich Breling**
Jörg Paczkowski
112 **Die Autoren**
112 Impressum

Wir danken
dem Landschaftsverband zwischen Weser und Elbe e.V.,
der Stiftung der Kreissparkasse des Landkreises Verden
und der Gemeinde Ottersberg
für die Förderung des Buches

Vorwort und Dank

Den 150. Geburtstag Heinrich Brelings nimmt die Gesellschaft Otto Modersohn Museum zum Anlaß für eine umfassende Würdigung des Malers und Zeichners. Kleinere Gedächtnisausstellungen fanden 1964 in der Fischerhuder Kunstschau, 1984 im Stadtmuseum Burgdorf, anschließend in der Fischerhuder Galerie und 1994 im Otto Modersohn Museum statt. Die nun schon wieder fünf Jahre zurückliegende Präsentation legte den Schwerpunkt auf die späten Fischerhuder Jahre. Seither konnte das Otto Modersohn Museum noch um einen Anbau und die eigene Sammlung um wichtige, bisher unbekannte Bilder Brelings erweitert werden.

Diese Ausstellung umspannt das Lebenswerk Heinrich Brelings von den ersten Porträtübungen des Knaben bis hin zu den späten Selbstporträts, die er seiner Frau und den Töchtern als künstlerisches Vermächtnis hinterließ. Einige Gemälde des Spätwerks sind uns nur von alten Fotos bekannt. Sie gelten als verschollen. Darunter die für die „Kunstgeschichte" Fischerhudes so wichtigen Bilder „Hochzeitsbitter", „Feierabend", „Spinnstube" und „Circus im Dorf". Eine solche Zusammenschau verdeutlicht das Ausmaß des unwiederbringlichen Verlustes.

Diese Retrospektive ist der seit langem notwendige Versuch einer Ehrenrettung des Künstlers Heinrich Breling. In München gilt er bis heute als Diez-Schüler, Feinmaler und „Hofmaler" Ludwigs II.. Sein Fischerhuder Spätwerk ist dort selbst Kunsthistorikern unbekannt. In den Jahren der Jahrhundertwende wurde Breling im Norden vornehmlich als Militaria-Maler bekannt und verehrt. Man verbindet den Namen bis heute mit seinen monumentalen Schlachtenbildern des 1870/71er-Krieges. Der künstlerische Rang seiner späten Bilder konnte sich nur wenigen erschließen. Zu selten wurden sie gezeigt.

Ohne die Erstellung des Verzeichnisses der Werke Heinrich Brelings durch Frau Adelheid Metzger-Modersohn im Auftrag der Kreissparkasse Verden, der Gemeinde Ottersberg/Fischerhude und der Stiftung Heimathaus Irmintraut wäre diese Ausstellung nicht denkbar gewesen. Wir möchten an dieser Stelle insbesondere Frau Metzger-Modersohn für Rat und Hilfe danken. Der Dank der Gesellschaft Otto Modersohn Museum gilt allen Leihgebern, die sich erneut von den vertrauten Bildern getrennt haben. Ohne ihre Mithilfe wäre diese Ausstellung nicht zustandegekommen. Er gilt in hohem Maße den Familien Bontjes van Beek und Modersohn, die sich in besonderer Weise für das Andenken Heinrich Brelings einsetzen.

Gesellschaft Otto Modersohn Museum　　　　　　　　　　Fischerhuder Kunstkreis

Selbstporträt, um 1912, Öl/Leinwand, 91 x 69 cm

Heinrich Breling [1849-1914]
Erinnerungen an einen vergessenen Maler
Christian Modersohn

Heinrich Breling gehörte zu den Malern, die sich eher zurückgezogen hielten. Die öffentliche Anerkennung blieb ihm weitgehend versagt. Vielleicht lag es aber auch daran, daß sein früher Tod 1914, im Alter von 65 Jahren, in eine Zeit fiel, die denkbar ungünstige Voraussetzungen für die verdiente Würdigung seines Werkes bot, über das zunächst der erste Weltkrieg und dann die Nachkriegszeit mit so ganz anderen Forderungen und Zielsetzungen hinweggingen. Das Werk dieses im wesentlichen einem anderen Jahrhundert angehörenden Malers geriet schon bald in Vergessenheit.

Die Begegnung

Als Otto Modersohn mit seinem Studienfreund Fritz Overbeck im Spätsommer des Jahres 1896, ein Jahr nach dem sensationellen Erfolg der Worpsweder Maler im Münchener Glaspalast, auf einer Wanderung zufällig nach Fischerhude kam, war er überrascht von der Eigenart und Urtümlichkeit dieses zwischen Wümmearmen unter Eichen versteckt liegenden Dorfes. Vorsichtshalber wurde ein vorbeikommender Bauer gefragt: „Hier left jo wol keun Moler?" Die unerwartete Antwort: „Eun is al dor - eun Professor Heinrich Breling in Pool".

Die folgende erste Begegnung hatte mein Vater immer so eindrucksvoll geschildert, daß ich sie mit wenigen Worten wiederholen möchte: „Wir kamen in das alte Bauernhaus, dort saß in der Küche ein Maler (wie ein Millet), so, wie wir uns die Maler von Barbizon vorgestellt hatten. Ernst und bedächtig schnitt er sein Schwarzbrot für die einfache Abendtafel und gab die Scheiben nach links, denn um ihn herum saßen seine fünf Töchter, eine schöner als die andere, (die jüngste lag noch in der Wiege.) Ein Bild, wie von Ludwig Richter," meinte mein Vater später, „das ich nie vergessen werde."

Wer war Heinrich Breling?

Der ehemalige Direktor der Bremer Kunsthalle, Prof. Dr. Günter Busch, versucht in der Einführung des Buches „Künstler in Fischerhude" eine Standortbestimmung:

* Günter Busch
Fischerhude - Kunst und
Geschichte, in: Künstler in
Fischerhude, Seite 10
Bremen 1984

„Sein Werdegang und seine Kunst markieren auf beispielhafte Weise die Entwicklung der deutschen (und auch der europäischen) Malerei von einer idealen Vorstellungskunst mit ‚bedeutenden' Inhalten, zu einer Wirklichkeitsdarstellung, die das scheinbar Alltägliche und Triviale suchte, die Entwicklung von der künstlichen Atelier-Atmosphäre, des dämmerigen Helldunkels zum freien Naturlicht." *

Dad „uolen Dörperstegg" -
Der Mittelarm der Wümme mit
Steg und badenden Kindern
Foto um 1900 von H. Schmidt,
Quelkhorn (Postkarte an Louise
Modersohn)

Mein Großvater, Heinrich Christoph Gottlieb Breling, geboren am 14. Dezember 1849 als dritter Sohn des Zollbeamten Wilhelm Breling und seiner Frau Magdalene, geb. Lucie, kam 1854 mit seinen Eltern und Geschwistern von Burgdorf bei Hannover nach Fischerhude, da sein Vater an die Zollstelle nach Wilhelmshausen versetzt worden war, wo damals die Grenze zwischen dem Königreich Hannover und der Freien Hansestadt Bremen verlief.

Heinrich Breling wuchs in sehr bescheidenen Verhältnissen auf, wie meine Tante Amelie, seine älteste Tochter, aus der Jugend ihres Vaters berichtet: „Er ‚durfte' die Gänse der Bauern auf der Weide hüten. Wenn man ihm mittags sein Essen, die Buchweizen-Klüten, brachte, traf man ihn mit Papier und Bleistift bei der Arbeit. In Ermangelung des nötigen Zeichenmaterials - so wird berichtet - brach sich der Knabe das alte Blei aus den Fenstern und bemalte jeden kleinen Fetzen des für ihn so kostbaren Papiers mit Porträts und Karrikaturen, bis man ihm endlich den ersten Bleistift schenkte. Nun konnte er seiner Lust am Zeichnen ungehemmten Lauf lassen.

Da saß oder lag er im Gras, und die Kühe, Gänse und vielen Sumpfvögel dienten ihm als Modell. Bei klarem Wetter konnte er die verschiedenen Windmühlen am Horizont bewundern und die Störche im Schilf belauschen. Bald zeichnete er auch die Eltern und Schulkameraden. Sein Vater beobachtete das seltene Talent des Kindes und abonnierte die ‚Gartenlaube', um Heinrich anzuregen. Er glaubte, durch die sorgfältige Ausführung der Abbildungen das Bestmögliche für seine Ausbildung zu tun. Jedoch der Phantasie des Kindes entsprangen Bilder wie ‚Petrus im Kerker', ‚Judith und Holofernes' und ‚eine heilige Nacht'. Das sprach sich im Dorf herum und Heinrich bekam kleine Aufträge von den Bauern, hier die Großmutter und dort den Vater zu konterfeien. Reich beschenkt mit zwei oder drei Eiern und einem halben Brot kam er nach Hause.

Fritz Overbeck und Otto Modersohn, Foto um 1905

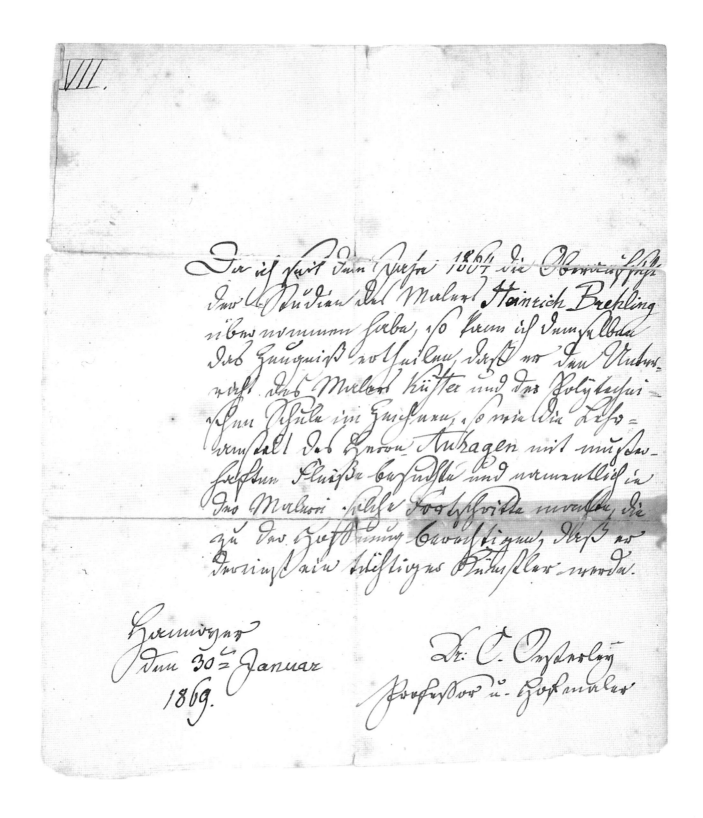

Zeugnis für Heinrich Breling von Prof. Oesterley, Hofmaler in Hannover und mit der Oberaufsicht der Ausbildung Heinrich Brelings zum Maler betraut

Neujahrskarte von Heinrich Breling an seine Tochter Amelie vom 1.1. 1906, von Hannover nach Hagen in Westfalen v.l.n.r.: Heinrich Breling mit seinen Töchtern Emma, Josefine, Louise und Amelie Bleistiftzeichnung auf Postkarte geklebt, 9,3 x 14 cm

Rechts: Der Förderer Heinrich Brelings: Gastwirt Joseph Hein, der von 1843 - 1867 die Fischerhuder Gastwirtschaft „Berkelmann" besaß.

Ob es nun der Gesangsverein war, der vollzählig auf einem Blatt porträtiert sein wollte, oder ob die Angehörigen eines Verstorbenen ihn noch auf dem Totenbett gezeichnet wünschten, immer mehr entwickelte er seine frühe Meisterschaft, wovon noch heute in manchen Bauernhäusern liebevoll durchgeführte, ausdrucksstarke Porträtzeichnungen Zeugnis ablegen. Der Fischerhuder Gastwirt Hein wurde auf diese außergewöhnliche Begabung aufmerksam. Er nahm Verbindung mit dem Hannoverschen Zolldirektor auf und berichtete ihm vom hoffnungsvollen Talent des Zöllnersohnes.

Eines Tages wurde der zehnjährige Heinrich beauftragt einen Korb selbstgefundener Kiebitzeier an einem vereinbarten Tag in das Hotel d'Europe (Hillmann?) nach Bremen zu bringen. Mit seinem älteren Bruder machte er sich zu Fuß auf den Weg. Die Jungen wurden in einen großen Saal geschickt, wo viele vornehme Herren versammelt waren. Sie mußten sich an eine lange Tafel setzen, man reichte ihnen eine Serviette und sie durften von all den schönen Gerichten essen. Der Herr Zolldirektor besah sich den kleinen Mann sehr genau, stellte ihm allerhand Fragen und schenkte den beiden Brüdern dann einige Taler für den langen Heimweg durch die dunkle Nacht. Nach einigen Tagen erhielt der Vater die Nachricht, daß der kleine Heinrich auf Kosten des Königs Georg von Hannover zum Maler ausgebildet werden solle. Nicht ohne zuvor ein Dokument aus dem alten Fischerhude eingesehen zu haben, das als „Pastorales Zeugnis", ausgestellt am 7. Januar 1864, dem angehenden Kunstschüler bescheinigte, er sei „fleißig" gewesen, und „sein sittliches Betragen ... stets stille, sinnig und ernst".*

* Amelie Breling, „Der kleine Maler", zitiert nach: Johann Günther König (Hrsg.), Künstler in Fischerhude, Bremen 1984, Seite 14 f.

„Scheint es übertrieben, diesen Beschäftigungen eines Jünglings so viele Zeilen zu widmen?" schrieb Rainer Maria Rilke in seiner Worpswede-Monographie über Otto Modersohns Jugend in Soest und Münster, „Man unterschätze nicht die Bedeutung dieser Jahre für den Künstler. Sie sind ganz erfüllt von einer frohen und

naiven Vorbereitung und man kann behaupten, daß in ihnen nichts geschieht, was mit dem noch unformulierten Lebenswunsch und Lebensdrang der dabei reift, nicht im innigsten Einklang stünde."*

Heinrich Breling war 12 Jahre alt, als 1862 seine Mutter starb. Man kann ermessen, wie schwer ihn dieser Verlust getroffen hat. Das Bild „Der Witwer" gibt ein spätes Zeugnis von diesem Schicksalsschlag.

Mit 14 Jahren kam Breling nach Hannover, erhielt auf einer Privatschule (Anhagen) Zeichen- und Malunterricht und machte dort die „Mittlere Reife". Anschließend studierte er in der Kunstabteilung der Polytechnischen Hochschule Zeichnen und Malen. Der königliche Hofmaler Professor Oesterley war mit der Oberaufsicht seiner Ausbildung betraut worden und von ihm erhielt er auch Privatunterricht. „Oesterley verkaufte etliche Zeichnungen Brelings. Er war ja schließlich sein Lehrherr und handelte nach dem Motto: „Mach das man sechsmal. Das ist sehr lehrreich für Dich!" Breling selbst fand dieses natürlich entsetzlich. „Köstlich waren seine Erzählungen aus dieser Zeit, bei der es manch profane Unterbrechung gab. Zwischen Fächermalen und Pausarbeiten für Architekten, ja sogar Löcherschlagen in diverse Corsette für Frau Oesterley, die Kgl. Corsettière, nutzte er jede freie Minute zum Naturstudium." Das von Oesterley ausgestellte Abschlußzeugnis hob den Fleiß und die malerischen Fortschritte hervor, „die zu der Hoffnung berechtigten, daß er dereinst ein tüchtiger Künstler werde."**

In Hannover hatte er sich mit dem Sohn des Hannoverschen Hofmalers Friedrich Kaulbach, dem später ebenfalls in München als Porträtmaler der Gesellschaft zu hohem Ansehen gekommenen Friedrich August von Kaulbach angefreundet. Nach erfolgreichem Abschluß wollten sie 1869 an der Münchener Kunstakademie weiterstudieren, doch der Krieg gegen Frankreich verzögerte die Umsetzung dieses Planes.

Links: Friedrich August von Kaulbach (1850-1920)
Foto um 1890
* 1850 in München
† 1920 in Ohlstadt bei Murnau

Oben: Friedrich August von Kaulbachs Atelier, um 1895

* Rainer Maria Rilke
Otto Modersohn (Worpswede - Monographie einer Landschaft)
Bielefeld und Leipzig 1903

** Katalog zur Heinrich Breling Ausstellung, Stadt Burgdorf, Stadtmuseum 1984-1985, Seite 4
Hrsg. von Hans-Jürgen Huth

Heinrich Brelings Ernennungsurkunde zum Professor an der „Königlichen Academie der bildenden Künste" in München vom 9. Januar 1883.

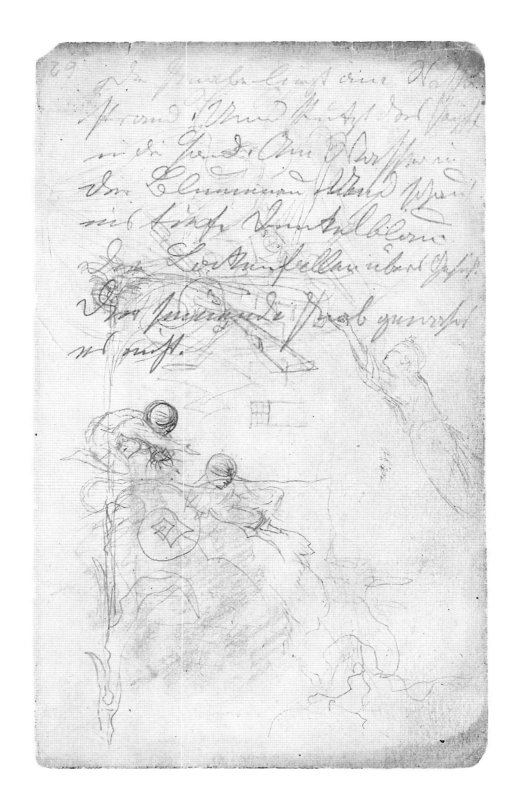

Heinrich Breling
Skizzenblatt mit Bildbeschreibung, 1870/71, Bleistift, 15,4 x 9,5 cm

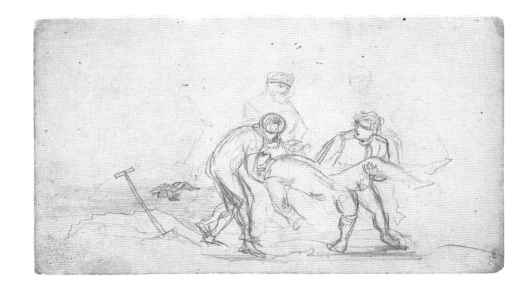

Heinrich Breling
Grablegung
Skizzenblatt aus dem Krieg
1870/71
Bleistift, 9,5 x 15,4 cm

1869 erhielt Gustave Courbet, der große und umstrittene französische „romantische Realist", in der internationalen Kunstausstellung im Münchener Glaspalast einen eigenen Saal. Durch die jungen Münchener Maler um Leibl wurde Courbet begeistert aufgenommen. Er begegnete Leibl, dessen Bild der betenden Frauen in der Kirche er sehr schätzte, mit großem Respekt. Es war der Beginn der Freundschaft zwischen beiden Malern.

Sein künstlerisches Credo beschrieb Courbet acht Jahre zuvor, in seinem berühmten „Brief an meine Schüler" vom 25. Dezember 1861:

„Ich halte auch dafür, daß die Malerei ihrem Wesen nach eine konkrete Kunst ist ... die anstelle von Worten aus allen sichtbaren Dingen besteht; ein abstraktes Ding, das man nicht sieht, das nicht vorhanden ist, gehört nicht in den Bereich der Malerei. ... Das Schöne ist in der Natur; und man trifft es in der Wirklichkeit in den unterschiedlichsten Formen an. Sobald es aufgefunden ist, gehört es der Kunst oder vielmehr dem Künstler, der es zu ersehen weiß." *

Leibl und sein Kreis werden diese Maxime gekannt und beherzigt haben. Darüber hinaus aber wurde von ihnen Courbets eminent künstlerische und auch menschliche Haltung geschätzt. Es waren wesentlich das „Rein Malerische, die Alla-prima-Technik, genaue Beachtung der Valeurs, die offene Pinselschrift, atmende Lebendigkeit der Dinge, die summarische Behandlung der Einzelheiten, Hinwirken auf den großen, akzentuierten Gesamteindruck", das Handwerkliche, das die jungen Münchener Maler begeisterte. Der damaligen noblen Münchener Tonmalerei wurde durch Courbet Großzügigkeit und Freiheit von kraftvoller Subjektivität entgegengesetzt.** Insbesondere das Fischerhuder Spätwerk Brelings ist von diesem Geist erfüllt.

* Courbet in Deutschland
Katalog der Hamburger
Kunsthalle,
Hamburg 1978, Seite 33
zitiert nach „Courier du
Dimanche" vom 25. Dez.
1861. (Courthion, II,
Seite 204 ff.)

** E. Ruhmer, Courbet in der
Sicht des Leibl-Kreises
Courbet in Deutschland,
Katalog der Hamburger
Kunsthalle, Hamburg 1978,
Seite 578

Nach dem Krieg 1870/71, den Heinrich Breling als Einjährig-Freiwilliger in Frankreich erlebte, und von dem ein hochinteressantes Skizzenbuch Zeugnis ablegt, verlängerte der König von Hannover das Stipendium für seine weitere Ausbildung an der Münchener Akademie. Es folgten bewegte Studienjahre bei dem in München neuen und beliebten Professor Wilhelm von Diez, im Kreis von Kaulbach, Kuehl, Leibl, Trübner, Zügel u.a.. 1873 war Heinrich Breling Mitbegründer der Münchener Künstlervereinigung „Allotria", deren Festschriften vornehmlich von seinem Freund Kaulbach, illustriert wurden.

Links: Heinrich Breling
Foto um 1872

Rechts: Heinrich Breling (links oben) mit Kameraden des 57er Infanterie-Regiments (Wesel), Foto 1871

Diez stand, in Verehrung der holländischen Malerei des 17. Jahrhunderts, im Gegensatz zur Piloty-Schule, die in München sehr erfolgreich und stilbildend eine etwas verstaubte, historisierende Kostümmalerei herausgebildet hatte. Von Diez' Lieblingsmotive waren Szenen des 30-jährigen Krieges mit marodierenden Söldnern. Auch dieser „Realismus", der zwar eine neue malerische Sicht der Dinge proklamierte, mochte sich nicht mit zeitgenössischer Thematik, mit dem Leben als solchem befassen. Er klammerte die Darstellung der gesellschaftlichen Probleme der Zeit wie soziales Elend und Industrialisierung eher aus.

Meisterschüler von Diez waren im Winterhalbjahr 1888/89, dem Gründungsjahr der Worpsweder Malerkolonie, Fritz Mackensen und Hans am Ende.

1875 heiratete Heinrich Breling Amalie Mayer, die Tochter des stimmgewaltigen Münchener Rathauskellerwirtes und Sängers Josef Mayer, in dessen Haus die jungen Künstler gern gesehene und oft auch freigehaltene Gäste waren.

Einige mit großer Meisterschaft gemalte Aquarelle erregten 1880 die Aufmerksamkeit des „Märchenkönigs" Ludwig II. von Bayern. Königliche Aufträge brachten ersten Ruhm. Bis 1884 zeichnete und aquarellierte er auf Schloß

König Ludwig II. von Bayern, Foto um 1865

Heinrich Breling, Schloß Linderhof, aquarellierte Federzeichnung, Besitz WAF

Oben: Amalie Breling, geb. Mayer, Foto um 1875

Rechts: Vom Münchner Baumeister Max Häußler ließ sich Heinrich Breling 1884 das Oberschleißheimer Haus im Landhausstil errichten, das Platz für die sechsköpfige Familie und ein Atelier bot.

* Petzet, M.
Katalog König Ludwig II. und die Kunst
Ausstellung im Festsaalbau der Münchner Residenz
20. Juni - 15. Oktober 1968
München 1968
und Baumgartner, G. ,
„Königliche Träume„ München 1981

** Muther, R. (1860-1909) Herausgeber der dreibändigen Geschichte der Malerei im 19. Jahrhundert, München 1894

Linderhof und dem Königshaus auf dem Schachen die Innenansichten der Bauten Ludwigs II.*

Ihre Ausführung begeisterte den König derart, daß er Breling am 4. Januar 1883 im Alter von 33 Jahren zum Königlichen Professor an der K. Akademie der Künste in München ernennen ließ. Von 1882 bis 1892 bewohnte die Familie ein eigenes Haus in der Nähe des Schlosses Schleißheim bei München. Vier Töchter wurden geboren. Breling wirkte in München als anerkannter, geschätzter Maler, wie zahlreiche Ausstellungskataloge belegen. Seine Kunst war gefragt - nicht nur in heimischen Gefilden, auch im Ausland bis nach Amerika.

1885 hatte München seinen Ruf als lebendige Kunststadt verloren. Der Kunsthistoriker Richard Muther beschreibt seine Eindrücke aus dieser Zeit: Als ich nach München kam, befand sich die Münchenerer Kunst in einem Stadium kraftlosen Siechtums. Man malte viel und rechtschaffen, aber man malte ohne innere Überzeugung in dem Stile weiter, den man auf der Schule gelernt hatte: gutgemeinte Genrebilder und brave Historien. Neue Anregungen fehlten, denn die Kunst des Auslands war wenig bekannt. In einer Zeit, als die Kunst anderweitig ganz neuen Zielen zustrebte, ging man in München noch selbstzufrieden im abgetragenen Samtkostüm Pilotys einher." **

Spätestens 1891 war die Blütezeit der „Münchner Bilder" vorbei. Die Nachfrage ließ rapide nach. Abhängig von einem florierenden Kunsthandel waren auch viele durchschnittliche Talente nach München gezogen, die eher dem Geschmack des Publikums folgten und die eigene künstlerische Aufrichtigkeit beiseite gestellt hatten. Zu viel mittelmäßige, konventionelle und modische Malerei hatte den Markt überschwemmt, der nun nicht mehr aufnahmebereit und zudem durch eine wirtschaftliche Krise geschwächt war.

F. A. von Kaulbach,
Ein Kegelabend Münchener
Künstler, aus: „Die Kunst"
erster Band „Freie Kunst" der
„Kunst für Alle" XV. Jahrgang,
München 1900, Seite 22.
Original im Münchener
Stadtmuseum

Während sich in Frankreich die Nachimpressionisten einen Namen machten, war auch in München eine neue Künstlergeneration herangewachsen, die im April 1892 mit der Gründung des „Verein der bildenden Künstler Münchens", der „Secession", ihr Unbehagen gegenüber der eher auf eigenen Privilegien beharrenden Ausstellungspolitik der Münchener Künstlergenossenschaft ausdrückte. Heinrich Breling wurde, im Gegensatz zu seinen Freunden Trübner und Kuehl, nicht Mitglied der Sezession.

Rückkehr an die Stätten der Jugend
Nach dem Tod Ludwigs II. 1886 gab er schließlich sein Haus in Schleißheim und seine Stellung an der Akademie im Frühjahr 1892 auf. Er verließ München um sich neuen künstlerischen Herausforderungen zu stellen und kehrte wieder in seine niedersächsische Heimat zurück. Er zog zunächst nach Hannover, wo man ihm einen Lehrauftrag an der Polytechnischen Hochschule versprochen hatte, den er aber mit einem anderen Maler teilen sollte. „Weil er keine halben Sachen machen wolle„ verzichtete Breling und zog das unsichere Leben des freischaffenden Künstlers vor. Seine fünfte Tochter Emma wurde 1892 in Hannover geboren.

In Erinnerung an die Kriegszeit entstanden in den 90er Jahren große Schlachtenbilder, zu denen er an Ort und Stelle eingehende Studien gemacht hatte. Das 1891 noch in München begonnene Hauptwerk, die dramatisch-bewegte Schilderung der Verteidigung von Beaune-la-Rolande, befindet sich im Besitz des Landesmuseums Hannover und begründete maßgeblich seinen Ruhm als Kriegsmaler.

Diese Bilder sind heute kaum mehr der Öffentlichkeit zugänglich. Zwei von ihnen hängen im Preußen-Museum in Wesel, andere sind verschollen, eines lagert magaziniert im Depot der Landesgalerie Hannover, ein anderes befindet sich als

Heinrich Breling
Skizze zum Bild „Verteidigung des Kirchhofs von Beaune-la-Rolande", Bleistift, 28,5 x 26,5 cm

Elsbeth, Louise und Otto Modersohn in Fischerhude, Sommer 1910

Das Bauernhaus im Pool Brelings erster Wohnsitz in Fischerhude, abgebrannt 1932

Das Breling-Haus in Fischerhude-Bredenau 1908 erbaut

Leihgabe im Casino der Emmich-Cambrai-Kaserne in Hannover-Langenhagen. Seit 1895 verbrachte Heinrich Breling mit seiner Familie die Sommermonate in Fischerhude, um hier der Natur nahe zu sein. Am 14. August 1895 wurde dort die sechste Tochter, Olga geboren. In Fischerhude wohnte man in einem Bauernhaus. 1907 zog Breling schließlich mit seiner Frau und den sechs Kindern ganz nach Fischerhude, und baute sich dort 1908 ein Haus.

Zum Richtfest dieses Hauses war auch Otto Modersohn eingeladen. Ein Jahr, nach dem tragisch frühen Tod seiner zweiten Frau Paula Modersohn-Becker entschloß er sich in das Dorf an der Wümme zu ziehen, das er häufig mit ihr, der Familie Becker aus Bremen und Heinrich Vogeler besucht hatte. Während der Feierlichkeit erschien unerwartet Brelings zweitälteste Tochter Louise, die Konzertsängerin aus Berlin. Otto Modersohn lernte sie kennen und schon im darauffolgenden Jahr fand die Hochzeit im Hause Brelings statt.

Aus Briefdokumenten der Familie Breling geht aber auch hervor, daß dieser Neuanfang in Hannover und Fischerhude nach den glanzvollen Münchener Jahren nicht leicht war. „Die zunehmende materielle Sorge wegen der Zukunft", so die älteste Tochter Amelie in einem Brief an die Schwester Louise, „ist eben immer mit dem Malen verbunden" und dann „Farben, Modelle usw., so ein Elend." Aber „er malt ein paar sehr schöne Bilder. Denke Dir nur, bei strömendem Regen ist er tagtäglich 1 1/2 Stunde bis nach Huxfeld gewandert." Hier entstand das große Bild „Torfschiffer". Und in den Wintermonaten schrieb Amalie Breling ihrer Tochter aus Hannover: „Keine Kohlen zum Heizen, von Papa nichts angekauft...er ist halt wieder recht nervös und nicht gut beisammen."

Am 25. September 1907 berichtete sie aus Fischerhude: „Sorgen wegen Papa der halt gar nicht gesund werden will er ist sehr matt u. hat nicht besonders Apettit, er

Heinrich Breling
Im Dorf, um 1907
verschollenes Gemälde

hat aber Lust zum Arbeiten, 2 Bilder sind fertig u. zwar, Der Akt u. das Weidenbild beide furchtbar fein Du glaubst es nicht, wie großartig! Dann Feierabend beinahe fertig, u. ein neues bei Lilli u. zwar eine Spinnstube u. ein Hochzeitsbidder großartig!! Die Spinnstube ist so: Um den Herd sitzen drei Frauen u. zur Thür herein kommt eine vierte mit dem Spinnrad, die anderen spinnen u. sind von unten vom Feuer beleuchtet, u. das Licht von der Thüre u. vom Fenster aus, das ist alles ein Glitzern und Flimmern sage ich Dir liebe Lolo! Amely ist in Lebensgröße von hinten mit dem Kopf zur Thüre zu sehend u. das Rad antreibend mit der rechten Hand, links davon sitzt Jossi, halb à face, den Kopf etwas neigend u. spinnt feste drauf los u. ich, liebe Lolo, habe die andere Seite zu sitzen, spinne feste u. lache der reinkommenden entgegen. Eine schwarze Mütze u. vorn ein Scheitel bedeckt mein ganzes Haupt. Du kennst mich nicht mehr, ich trage einen Scheitel, alle wollen mich malen, so hätte ich mich zu meinem Vorteil verändert! Beim Hochzeitsbidder haben wir nichts zu tun, es sind Bredenauer die sitzen müssen."

Der Verbleib der hier beschriebenen Bilder ist leider unbekannt. Es muß befürchtet werden, daß sie zerstört sind. Vom Bild „Hochtiedsbidder" gibt es eine zeitgenössische Reproduktion, so daß wir zumindest eine Ahnung von der hohen Qualität dieses Bildes bekommen können. Am 13.10. 1907 berichtet die Mutter Breling ihrer Tochter Louise: „Endlich einmal eine Hoffnung; ... er ist so zufrieden mit seinen Arbeiten wie noch nie, und Du weißt es, was das bedeutet, wenn er sagt, ich hab was für Berlin, dann ist es auch wahr, denn er ist sonst so wenig mit sich zufrieden. Er setzt sich hin und malt und vergißt dabei alles, sogar sein krank sein."

Am 13.10. 1907 berichtet die Mutter Breling ihrer Tochter Louise: „Endlich einmal eine Hoffnung; ... er ist so zufrieden mit seinen Arbeiten wie noch nie, und Du weißt es, was das bedeutet, wenn er sagt, ich hab was für Berlin, dann ist es

Heinrich Breling,
De Hochtiedsbidder, 1907, verschollenes Gemälde

Heinrich Breling
In der Spinnstube, 1907, Skizzenblatt zum verschollenen Gemälde, Bleistift, 26,3 x 19,8 cm

Otto Modersohn und Paula Modersohn-Becker
Foto um 1907

auch wahr, denn er ist sonst so wenig mit sich zufrieden. Er setzt sich hin und malt und vergißt dabei alles, sogar sein krank sein."

„Diese Frau hat nicht gelogen"
Als im November desselben Jahres die Kunde von Paula Modersohn-Beckers unfaßlichem frühen Tod nach Fischerhude drang, äußerte Vater Breling von seiner Familie mit der Frage bestürmt: „Wie hat sie denn gemalt?" - den Wunsch, dieses einmal selbst zu sehen. Man ließ anspannen und fuhr nach Worpswede. Auch Paulas Mutter war aus Bremen gekommen, wie Olga Bontjes van Beek berichtete. In Paulas Atelier, das Heinrich Breling gemeinsam mit Heinrich Vogeler und meinem Vater betrat, war alles noch unverändert. Voller Ernst betrachtete er Bild um Bild und die Zeichnungen und gab sein Urteil ab. Am Abend wieder in Fischerhude, wurde er erneut mit Fragen bedrängt. Seine kurze und doch so vielsagende Antwort könnte über diesem Leben und Werk stehen: „ Ich habe etwas gesehen, - diese Frau hat nicht gelogen." Es wird mir immer unvergeßlich sein, wie meines Großvaters älteste Tochter Amelie dieses berichtete und welche Gesten und Mienen ihre Worte dabei begleiteten, als ob der Maler selber vor uns säße.

Frido Witte und Heinrich Vogeler im Atelier des Kollegen Heinrich Breling
Der aus Schneverdingen stammende Maler Frido Witte traf zusammen mit Heinrich Vogeler bei einem Besuch Fischerhudes (wohl um 1911) auch Heinrich Breling. Die sehr bildhafte Schilderung möchte ich an dieser Stelle nicht vorenthalten:

„Er wohnte mit Frau und Töchtern in einem Häuschen außerhalb des Dorfes und hatte sich hier völlig von der Welt abgeschlossen. Er schloß sich hier zwischen seinen Bildern in seinem Atelier ein, das selten oder nie aufgeräumt wurde, und ließ nicht einmal Frau und Kinder einen Blick auf seine Arbeit tun. Als ich einst mit

Amalie Breling, Gruppenbild mit Töchtern,
v.l.n.r.: Josephine, Emma, Amelie und Henriette Breling,
Foto um 1910

Vogeler bei Modersohn war, wurde der Plan gefaßt, mit List und Tücke in sein Heiligtum zu dringen. Er hatte Vogeler gern, und es war zu hoffen, daß dieser erreichen würde, was den nächsten Angehörigen versagt blieb. Wir fanden den alten Mann im Wohnzimmer, mit einem langen Hausrock bekleidet und rührend anzusehen. Wir kamen mit ihm in ein Gespräch, lobten seine Bilder, die im Zimmer an den Wänden hingen, und erweichten sein bescheidenes, fast ängstliches Gemüt so sehr, daß er wirklich einer plötzlichen Bitte nicht ausweichen konnte und mit uns zum Atelier ging.

Als er die Tür aufschloß, drängte auch Frau Modersohn, seine Tochter, hinein. Aber der alte Mann wandte sich in höchster Erregung um und schrie sie an: „Du bleibst draußen! Nein, nein, ich will nicht!" Nur unseren stürmischen Bitten und der überrumpelnden Art unseres Eintretens gelang es, seinen väterlichen Zorn zu brechen. Und dann waren wir in seiner Welt, die fast schon der Vergangenheit angehörte. Unzählige Bilder, große und kleine, fertige und unfertige, standen an den Wänden. Uniformen, Waffen und andere Soldatenutensilien hingen umher. Über allem lag der Staub von Jahren. Und Breling selbst stand dazwischen, wie wir uns etwa den alternden Rembrandt denken mögen oder wie ihn doch ein holländischer Meister hätte malen können: mit Hausschuhen, langherabwallendem, zerschlissenem Rock, um den Hals ein großes graues Tuch geschlungen und auf dem Kopf einen alten Filz.

Sein Kopf war gesenkt. Wenn er sprach, sah er uns nicht an. Er kramte umständlich zwischen seinen Bildern, stellte dieses und jenes auf die Staffelei und erzählte mit zitternder Stimme von seinen Arbeiten. Was wir sahen, war zum größten Teil gute Malerei. Kriegsbilder herrschten vor. Dann kamen Selbstportraits und eine große, in den Farben prächtige Circusszene aus dem Dorf. Es war uns rätselhaft, wie jene Kriegsbilder entstanden sein mochten. Wir hörten darüber seltsame

Heinrich Breling
Bäuerinnen mit Spinnrädern, 1907, Vorzeichnung zu einem Bild, Bleistift, 22 x 18 cm

Heinrich Breling
Reiterin im Circus Magyor, (verso: In der Spinnstube) um 1912, Bleistift, 26,3 x 19,8 cm

Selbstporträt mit schiefer
Mütze, um 1910
Öl/Leinwand, 91 x 67 cm

Selbstporträt im Freien
um 1910
Öl/Leinwand, 83,5 x 69 cm

Selbstporträt mit Stock und
Handschuhen, um 1912
Öl/Leinwand, 99 x 74,5 cm

Geschichten. Draußen im Garten, vor dem Fenster, stand ein hölzerner Bock, der als Pferdemodell dienen mußte. Ein Bursche aus dem Dorfe, in Uniform gesteckt, mußte darauf reiten. Und während Breling auf der Fensterbank eine Rauchpatrone zur Entzündung brachte, sah er Roß und Reiter im Pulverdampf und hatte so die etwas bescheidene Illusion einer Schlacht. Im Hause liefen unterdessen Frau und Töchter ängstlich umher, denn sie konnten sich die Knallerei nicht erklären, und die Tür zum Atelier blieb verschlossen, hinter der ihr alter Vater, zufrieden lächelnd, die Pulverdampfvisionen auf die Leinwand brachte.

Das Seltsamste aber war folgendes: In Köln (1912) fand um diese Zeit eine Ausstellung französischer modernster Meister statt, in der auch der radikalste Expressionismus nicht fehlte. Ich war mit Vogeler dort. Die Ausstellung war glänzend.

Zwischen van Gogh, Cézanne und Gauguin hingen auch einige Bilder von Paula Modersohn, die sich nicht nur behaupteten, sondern aufs stärkste hervortraten. Von dieser Ausstellung hatte der alte Breling, der seit vielen, vielen Jahren Fischerhude nicht verlassen und keine Eisenbahn benutzt hatte, gehört. Eine innere Errregung hatte sein Malerherz gepackt. Er war allein stantepede nach Köln gereist. Als er wiederkam, blieb er schweigsam und schloß sich ein.

Und was tat er? Er wurde wieder jung, brach mit allen Überlieferungen aus seinem Leben und malte impressionistische Stilleben. Diese sahen wir voll Staunen zwischen altem Gerümpel und Gemoder auf den Staffeleien stehen wie Blumen in welkem Laub.

Nie werde ich den alten Mann vergessen, der alles irdische Verlangen abgestreift hatte und nur noch in seiner Kunst lebte."*

* Friedo Witte, Mein Werden als Maler, Künstlertagebuch, zitiert nach Karl-Ludwig Barkhausen, Mit List und Tücke in das Heiligtum vorgedrungen, Rundblick, 1991, Soltau

„Mit nichts ist's gemacht"

Bis zuletzt war Heinrich Breling ein eifriger, allem Neuen aufgeschlossener Beobachter der künstlerischen Entwicklung seiner Zeit. Er sah die ersten Ausstellungen der Nachimpressionisten, van Gogh, Gauguin, Cézanne und Manet in Bremen, Berlin und Köln, wie aus Briefen aber auch Tagebucheintragungen meines Vaters hervorgeht. So notiert er 1911 in Berlin: „ ... begeisterten uns zusammen für die Franzosen in der Nationalgalerie vor der Monetschen Sommerlandschaft sehe ich den Vater Breling noch stehen: „O - o - mit nichts ist's gemacht -hm- hm."

Wie hoch Otto Modersohn die Kunst, besonders des späten Brelings, einschätzte und wie er dem von Sorgen bedrückten, um Anerkennung ringenden, sechzehn Jahre älteren Kollegen und seiner Familie in schwerer Zeit Mut machte und half, geht aus einem Brief der Mutter Breling an ihren Mann hervor: „Muth, ... es wird alles recht werden. Modersohn hat gesagt, er hätte Dein Bild in Berlin gesehen, keiner wäre in Worpswede, der so malen könnte ... und zeichnen. Sie würden froh sein, wenn sie so einen Maler in Worpswede hätten!!! Leider sähe man von Dir nie etwas!" (1909)

Die Selbstporträts - frei von Zwängen, seine persönlichsten Bilder

Bevor Heinrich Breling am 6. September 1914 in seinem Fischerhuder Atelier einem schweren Herzleiden erlag, entstanden dort oder im Garten, da er keine weiten Wege mehr gehen konnte, Licht, Luft und Farben und Formen studierend, eine Reihe seiner wohl wichtigsten Bilder. Frei von Zwängen malt er eindringliche Selbstbildnisse, die in diesem Katalog nun wohl vollzählig gezeigt werden.

Anhand dieser Selbstporträts, von denen eines nicht mehr vollendet werden konnte, läßt sich Heinrich Brelings gesamte malerische Entwicklung von den dunklen,

Selbstporträt, um 1912
Öl/Leinwand, 101 x 74 cm

Selbstporträt vor der Staffelei, um 1911
Öl/Leinwand
90,2 x 70,5 cm

Selbstporträt, um 1912
Öl/Leinwand, 91 x 69 cm

 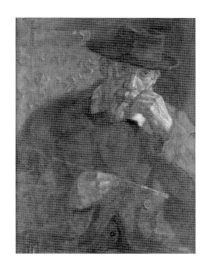 

Selbstbildnis vor der Staffelei
um 1910
verso: Selbstporträt mit Pinsel
um 1912
Öl/Leinwand
87,5 x 59 cm

Selbstporträt mit Pinsel
um 1912
Öl/Leinwand, 87,5 x 59 cm

Selbstporträt (unvollendet)
um 1914
Öl/Leinwand, 88 x 64 cm

tonigen Anfängen bis hin zur lichtdurchfluteten Darstellung ablesen. Es ist eine rein malerische Auseinandersetzung mit sich selbst, und da steht er in der Tradition von Paul Cézanne und Vincent van Gogh.

Aus einem Brief der Mutter von Paula Modersohn-Becker

Ich möchte mit einer knappen aber treffenden Würdigung des Menschen Heinrich Breling schließen, wie sie sich in einem Brief der Mutter von Paula Modersohn-Becker an Brelings Tochter Louise (meiner Mutter) findet. Noch in starker Erinnerung an ihren letzten Besuch im Hause Breling schreibt sie am 8. September 1914: „Was Otto mir zuerst von Euch erzählte, was zuerst meine Teilnahme wachrief, das war dies seltene Verhältnis zwischen Euch und Eurem Vater. - ... das hat ihn zuerst zu Euch gezogen, mit dem dunklen Wunsche teilzunehmen an solcher Liebesgemeinschaft. Denn in allen diesen Jahren, da Krankheit den schaffensfrohen Mann beugte, wie stand er doch unsichtbar als Euer Mittelpunkt da, man fühlte, das er es war, der Eurem Leben die geistige Richtschnur gab. Zuletzt sah ich ihn auf Ulrichs Taufe, verklärt im Besitz des kleinen Enkelsohnes und hernach im Atelier, als er Paulas Zeichnungen bewunderte: ‚*Die* hat nicht gelogen!' sagte er voll ernsthafter Anerkennung." - und damit Heinrich Brelings unvergessene Worte vom ersten Besuch in Paula Modersohn-Beckers Worpsweder Atelier bei „Brünjes" wiederholend.

„Mit jeder Bildbetrachtung entsteht das Bild noch einmal."

Wilhelm Worringer

Der Spion

Die Befreiung der Niederlande vom Joch des spanischen Königreiches stärkte nicht nur das Selbstbewußtsein des holländischen Adels und Bürgertums, sie fand ihren reichen Niederschlag in der Kunst. Die Holländer gaben im 17. Jahrhundert der Malerei eine ganz eigene Note, die seither immer wieder von Einfluß auf die europäische Malerei war. Die deutsche Romantik profitierte von ihr wie die Schule von Barbizon. Die wiederum wurde zum Leitbild für nahezu die gesamte Malerei in Europa. Ohne Dupré, Millet, Corot, Troyon und Rousseau ist auch die Münchener Schule nicht denkbar, der Heinrich Breling zuzurechnen ist.

Sein Lehrer Wilhelm von Diez hatte sein Handwerk bei den Holländern gelernt. In kleinformatigen Bildern setzt Breling bis etwa 1890 das Erbe seines Lehrers fort. Er malt vor allem kleine Szenen aus dem dreißjährigen Krieg, sich vermutlich an Grimmelshausens „Simplicissimus" anlehnend. Im Künstlerlexikon von Thieme-Becker werden diese Bilder zu seinem Markenzeichen.

„Der Spion" ist eines dieser frühen Bilder. Breling erzählt seine Geschichte in zwei Szenen. Oberhalb der Treppe erfolgt die eindringliche Befragung der Wirtsleute, während im unteren Bereich die gewünschte Information auf anderem Wege vielleicht leichter zu bekommen ist. Mag sein, daß mit dem Spion, um den es im Bildtitel geht, der lauschende Hund gemeint ist. Eine anekdotische Titelgebung war in dieser Zeit der literarischen Bildgestaltung in München, insbesondere bei den Kunsthändlern und dem Publikum, beliebt, wurde somit doch der Zugang zum Bild erleichtert.

Der Spion, 1874, Öl/Holz, 46,5 x 32 cm

Auf Vorposten, 1878, Öl/Leinwand, 24,3 x 33,4 cm, Stadt Burgdorf

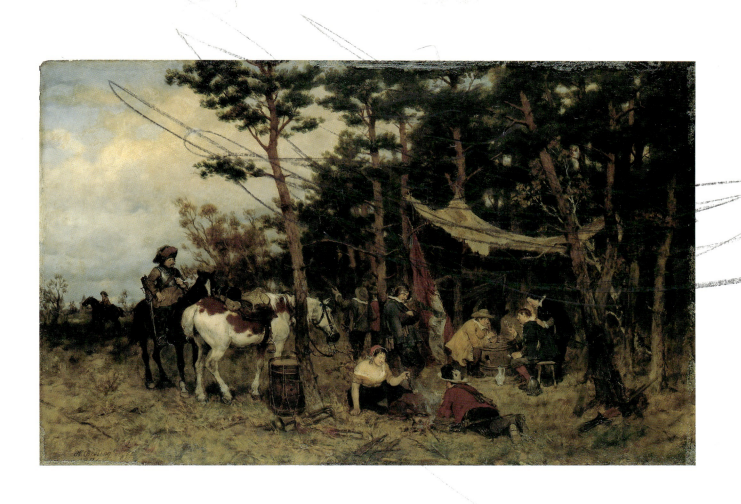

Rast am Waldrand, 1876, Öl/Holz, 34,5 x 53 cm, Kunsthalle Bremen

Im Schneesturm

Nicht nur als Maler kleiner Szenen aus dem Dreißigjährigen Krieg machte Heinrich Breling sich einen Namen, sondern auch als Schlachtenmaler. Für ihn, der den Krieg von 1870/71 miterlebt hatte, waren die Darstellungen der Schlacht bei Beaune-la-Rolande nicht allein eine künstlerische Herausforderung durch große Formate. Es war vielleicht auch die Möglichkeit, sich das Trauma des Krieges von der Seele zu malen. Seine realistische Darstellung dieser erbitterten Verteidigungsschlacht, an der er selber teilgenommen hatte, war alles andere als eine Verherrlichung des Krieges. Neben säbelschwingenden Kavalleristen malt er sterbende Soldaten und krepierende Pferde auf beiden Seiten.

Der 1876 entstandene „Schneesturm" legt eindrucksvoll Zeugnis von Brelings emotionaler Teilnahme ab. Der unerbittliche Wintersturm zwingt Pferde und Reiter zum Rückzug. Das reiterlose mittlere Pferd beugt sich anteilnehmend über seinen gefallen oder erfroren bewegungslos im Schnee liegenen Herrn. Erstarrt vor Hilflosigkeit und Kälte halten die beiden Kameraden inne. Der Maler hat, bewußt oder unbewußt, ein Bild vom Scheitern im Kriege und von der Sinnlosigkeit des Krieges gemalt.

Im Schneesturm, 1876, Öl/Holz, 17 x 21,5 cm

Die Werbung, um 1878, Öl/Holz, 16 x 12 cm

Ruhepause am Wegesrand, um 1880, Öl /Holz, 26,5 x 34,5 cm

Amelie, die Tochter des Malers

Heinrich Breling malte seine älteste, etwa fünfjährige Tochter mit Spitzenkragen und Trauben im Arm in der Tradition der von ihm so geschätzten alten Holländer. Der kluge Kinderblick ist gepaart mit jener Nachdenklichkeit, die typisch werden sollte für Brelings spätere Bildnisse.

König Ludwig II. von Bayern wurde aufmerksam auf den talentierten Maler, und so begann für ihn die künstlerische Laufbahn bei Hofe. Ihre Kindheitserinnerungen erzählen davon: „Papa hat den König gemalt, wie er in seinem goldenen Schlitten sitzt. Ein fremder König bekommt das Bild von unserem geschenkt. Es ist nicht groß, aber es soll ein großes Kunstwerk werden." „Papa will in Schleißheim einen kleinen alten Park kaufen und ein schönes Haus hinein bauen ... das Grundstück ist 7 Morgen groß, man kann sich darin verirren." Und dann heißt es: „Unser Haus ist bald fertig. Mama räumt schon teilweise ein." „Wenn der König Papa malen sieht, dann geht er ganz leeise vorbei, damit er ihn nicht stört. Bald soll er die Grotte malen, in blauem Licht, so wie die Höhle in Capri ... Ich habe von jetzt an jeden Morgen eine Frühstücksbrezel. Einmal hab' ich schrecklich Bauchweh gehabt ... Das hat auch der König erfahren und er hat befohlen, daß ich täglich dieselbe Brezel bekommen soll wie er." Die kleine Amelie war immer mitten drin im Geschehen. Einmal trifft sie sogar die Kaiserin Elisabeth von Österreich im Schloßgarten, aber sie darf niemandem von ihrer Begegnung erzählen. „Papa hat ein Portrait von mir angefangen," erzählt Amelie in ihren Kindheitserinnerungen weiter und damit meinte sie sicher das nebenstehende Bild.

Amelie Breling wird später Lehrerin, doch 1911 wendet sie sich der Bildhauerei zu, nimmt Privatunterricht bei Bernhard Hoetger in Fischerhude und studierte anschließend bei Maillol in Paris Bildhauerei. 1920 gründete sie mit ihrem Schwager Jan Bontjes van Beek die „Fischerhuder Kunstkeramik".

Kinderporträt Amelie, 1881, Öl/Leinwand, 59 x 44 cm

Fischersfrau am Strand, 1878, Öl/Holz, 16,2 x 9,8 cm

Interieur mit Frau beim Stricken, 1891, Öl/Holz, 14,5 x 10,5 cm

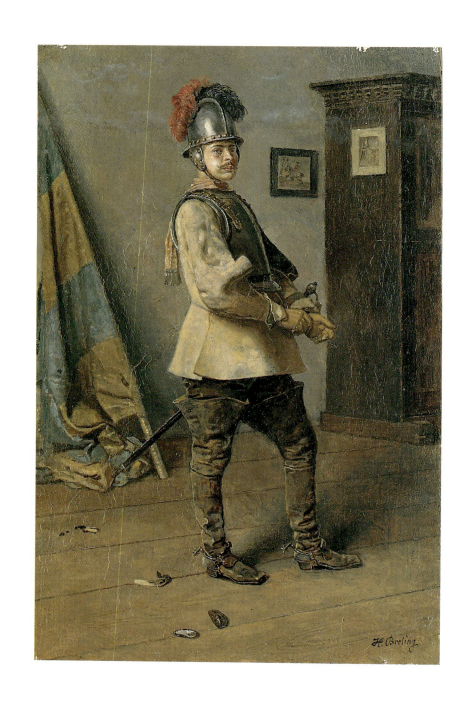

Ein Oberst vor dem Ausrücken in den 30jährigen Krieg, um 1890
Öl/Holz, 27 x 17 cm, Privatbesitz, Burgdorf

Fischerhuder Bilder 1895-1914

Zwei Reiter (Norden, Ostfriesland), 1908, Öl/Holz, 46 x 36,2 cm

Halt im Dorfe, um 1897, Öl/Leinwand, 66 x 50 cm

Winterlicher Kirchgang

Das Bild der Kirchgänger im Schnee mag eines der ersten gewesen sein, die Heinrich Breling nach seiner Rückkehr in Fischerhude malte. Stimmungsvoll ist die dunstige Schneelandschaft festgehalten. Auf matschigen Wegen gehen Bauern und Bäuerinnen zur Kirche. Auch ein Junge mit tief in die Hosentaschen gesteckten Händen ist dabei, seine Haltung wirkt störrisch. Der Mann mit Zylinder und dunklem Anzug scheint ernst mit dem Jungen zu reden. Eine Frau wartet an der Brücke auf die Nachzügler. Der Kirchturm überragt die in kühlen Grautönen gemalte Dorflandschaft nur knapp. Goldgelb gemaltes, vergilbtes Gras auf dem Weg verleiht dem Bild eine seltsame Feierlichkeit. Das Bild könnte als späte Reflexion Brelings auf den frühen Tod der Mutter verstanden werden.

Den Jungen findet man auch auf dem Bild „Halt im Dorfe" auf Seite 49 wieder, ebenso wie den „Vater", den er auf dem Kirchgang begleitet.

Winterlicher Kirchgang nach Fischerhude, um 1897, Öl/Leinwand, 53,3 x 70,3 cm, Privatbesitz, Bremen

Torfschiffer, um 1900, Öl/Leinwand, 69 x 90 cm, Privatbesitz, Baldham

Kinder mit Kühen an der Wümme, um 1900, Öl/Leinwand, 99 x 135 cm, Privatbesitz, Hannover

Fischerhuder Bauer beim Aalfang an der Wümme, um 1910, Öl/Leinwand, 124 x 100 cm

Bauernhof in Fischerhude, um 1905, Öl/Leinwand, 170 x 125 cm, Sammlung Kreissparkasse Verden

Der Lichtstrahl

Schräg gegenüber vom Breling-Haus in der Bredenau lebte und arbeitete der Bauer und Drechsler Schloo. Heinrich Breling malte häufig in dessen Werkstatt. In der Wohnstube der Schloos machte er die Skizzen zu diesem Bild.

An der Wand hängt unter anderem ein gerahmtes Dokument: der Meisterbrief des Drechslers. Heinrich Breling hat die Spiegelung auf dem alten, gewellten Glas, das in allen Regenbogenfarben schillert, virtuos gemalt. Die Entdeckung des Lichts durch das Kind in der Wiege, das mit seinen Fingern mit dem Sonnenstrahl spielt, ist auch für die behutsam eintretende Mutter zu einem Augenblick des Glücks geworden. So mag es auch der Maler empfunden haben, der mit diesem Bild ein Meisterwerk schuf.

Breling hat das Motiv des mit den Fingern spielenden Kindes im Bild „Kornernte" wenige Jahre später erneut aufgegriffen (vgl. Seite 75).

Der Lichtstrahl, um 1906, Öl/Leinwand, 120 x 96 cm, Privatbesitz/Fischerhuder Kunstkreis

Kinderporträt Olga, 1900, Öl/Leinwand, 39 x 26 cm

Bei den Schularbeiten, 1908, Öl/Leinwand, 72 x 52 cm

Der Witwer

Zum Leben gehört auch Sterben. Das Unfaßbare ist geschehen - die Bäuerin ist gestorben. Die Kerze auf dem Stuhl vor dem Alkoven ist erloschen. Der Bauer sitzt im Flett auf der Ecke der Truhe und beugt sich über seine gefalteten Hände. Neben ihm seine Tochter, trauernd wie er. Durchs Fenster dringt Licht - Symbol der Hoffnung.

Die Frage nach dem Sinn des Lebens steht im Raum, die Heinrich Breling dem Betrachter stellt - und offenläßt.

Der Witwer, 1906,
Öl/Leinwand, 147 x 198 cm
Niedersächsisches
Landesmuseum, Hannover,
Landesgalerie

Eine erste Fassung dieses Bildes aus dem Jahr 1906 befindet sich im Bestand der Landesgalerie des Niedersächsischen Landesmuseums. Sie ist im Format größer und zeigt bei genauerer Betrachtung eine andere Situation: In der Schlafkammer ringt die Bäuerin mit dem Tod. Der Raum ist von Kerzenlicht erfüllt. Die Feuerstelle links im Bild ist noch warm, Rauch steigt in den Raum. Nebeneinander sitzen der Bauer und seine Tochter auf sich gestellt und beten.

Die Bilder haben in ihrer Eindringlichkeit eine Entsprechung im Bild „Der trauernde Mann" (1890) von Vincent van Gogh, in der Sammlung des Kröller-Müller-Museums in Otterlo.

Der Witwer, 1911, Öl/Leinwand, 112 x 120 cm, Privatbesitz, Restaurant „Kaffeehaus Niedersachsen", Worpswede

In der Drechslerwerkstatt

Mit seinen „Tischlerbildern" gibt Heinrich Breling realistische Einblicke in die Werkstatt des Drechslers Johann Schloo. Man sieht ihn auf Studien zu Schlachtenbildern als präsentierenden Infanteristen. Sein Vater Hermann Schloo wurde von ihm als Stuhlflechter gemalt.

In den feintonigen Bildern war nicht so entscheidend, „was" dargestellt wird, es ging Breling vor allem um das „Wie". Bei aller Virtuosität der Malerei, die sich in der Darstellung der Späne ebenso wie im Licht äußert, das auf sie fällt, läßt er sich nie dazu verleiten, seinem malerischen Können nachzugeben. Es sind Bilder, die im Zentrum den Menschen bei der Arbeit zeigen, wesentlich aber durch Licht und Farbe bestimmt sind. In ihnen offenbart er seine künstlerische Aufrichtigkeit.

Fischerhuder Stuhlflechter in der Werkstatt, 1910, Öl/Leinwand, 108 x 90,5 cm

Drechslerwerkstatt, 1909, Öl/Leinwand, 92 x 70 cm, Fischerhuder Kunstkreis

In der Drechslerwerkstatt, um 1909, Öl/Leinwand, 86 x 80 cm, Privatbesitz, Restaurant „Kaffeehaus Niedersachsen", Worpswede

Jan Zug - Torfschiffer

Heinrich Breling hat die Szene mit den Kahnziehern ganz in der Nähe Fischerhudes beobachten und skizzieren können - in Huxfeld, bei Rautendorf, dem südlichsten Ort des Teufelsmoores, der über den Schiffgraben Wörpe und Wümme mit dem Torfhafen in Bremen-Findorff verband (vgl. Text Seite 23).

Wenn der mühsam gestochene und zum Trocknen aufgeringelte Torf transportfähig war, wurde er auf Boote geladen und verschifft. Im günstigen Fall konnte Jan von Moor das braune, geteerte Segel setzen, um die lange Reise zu beschleunigen. Doch auf den schmaleren Kanälen war Segeln nicht möglich. Neben ihnen verliefen sogenannte Treidelpfade, auf denen die Torfbauern ihr Boot hinter sich herschleppen, „treideln", konnten. So einfach war es jedoch nicht. Das Boot stieß beim Ziehen immer wieder ans Ufer. Ein Helfer mußte neben ihm gehen und es mit einem Stab in einem gewissen Abstand zum Ufer halten. Zwei Leute, um ein Boot fortwärts zu ziehen, war wiederum zuviel. Daher mußte der zweite Mann mit einem über die Schulter gelegten Seil gleich ein nächstes Boot mitziehen. So setzte es sich fort. Vier Leute waren nötig, um drei Boote fortwärtszubewegen.

Breling gab auf der Leinwand in leuchtenden herbstlichen Tönem einen erlebten Moment aus der Tiefe der eigenen Erfahrung wieder. Es ist eines der Hauptwerke seines Schaffens.

Schiffszieher im Teufelsmoor, Foto um 1900

Jan Zug, um 1907, Öl/Leinwand, 126 x 106 cm, Privatbesitz, Hannover

Frauenakt mit Spiegel, um 1907, Öl/Pappe, 86 x 60,7 cm

Porträt Louise Modersohn, um 1913, Öl/Leinwand, 35 x 27,5 cm

Michael Ancher, Anna Ancher kehrt vom Feld heim, 1902, Öl/Leinwand, 187 x 98,3 cm, Skagens Museum, Dänemark

Junge Frau am Kornfeld

Bereits zu Anfang der siebziger Jahre des 19. Jahrhunderts nutzten Eduard Manet und seine Schülerin Berthe Morisot weiße Kleider in Parks und Gärten als malerisches Kontrastmittel, doch spätestens seit Claude Monet 1884 seine Frau Camille im weißen Kleid mit Sonnenschirm vor blauem Horizont malte, riß das Thema „Frauen in hellen Kleidern" in der Malerei der Jahrhundertwende nicht mehr ab. Die beiden in der Dämmerung am Strand von Skagen schreitenden Frauen, 1893 von dem dänischen Maler P.S. Kroyer gemalt, sind berühmt geworden. Bemerkenswert ist auch Michael Anchers Bildnis „Anna Ancher kehrt vom Feld heim" aus dem Skagens Museum, das in seiner Auffassung dem Bild von Breling nahekommt. Ein stilles Worpsweder Pendant ist Otto Modersohns „Paula im nächtlichen Garten", 1902.

Die hellen Kleider wurden zum „Fanal" einer die engen bürgerlichen Moralvorstellungen lockernden Mode. Wenn sie von Malern immer wieder aufgenommen wurden, so hatte dies noch einen anderen Grund: Im Weiß reflektieren die Farben der Umgebung, besonders in den Schatten, in vielen Nuancen - ein völlig vom Gegenstand losgelöster Reiz.

Dieses klassische Thema greift Heinrich Breling mit dem Bild „Junge Frau am Kornfeld" auf. Es schillert und leuchtet vielfarbig. Das malerische Kunstwerk, welches sowohl an die feine Stoffmalerei der Holländer als auch an die Leuchtkraft impressionistischer Malerei erinnert, wird noch überstrahlt von einem stillen, inneren Licht.

Heinrich Brelings Modell ist seine Tochter Louise, die Opernsängerin, die in dieser Zeit den bekannten Worpsweder Maler Otto Modersohn geheiratet hatte.

Junge Frau am Kornfeld (Louise Modersohn), um 1910, Öl/Leinwand, 70,5 x 48 cm

Rückenakt in der Landschaft, um 1908, Öl/Holz, 24 x 18 cm

Hochtiedsbidder, um 1910, Öl/Leinwand, 58 x 46 cm

Heinrich Breling
Bauer mit Sense, Skizze um 1910
Bleistift, 27 x 19,8 cm

Kornernte

Der Maler führt uns an den sogenannten Mühlenberg bei Quelkhorn unweit von Fischerhude mitten in ein rauschendes Kornfeld. In vielen Farben schillert das knisternd reife, langhalmige Korn. Ein Fest der Farben in allen Nuancen - das nahe Fischerhuder Erntefest wird hier gewissermaßen auf der Leinwand vorweggenommen.

Das Feld nimmt den größten Teil der Bildfläche ein, die Figuren sind so ins Bild gesetzt, daß sie das Wogen des Korns unterstützen. In der linken Ecke der Schnitter, nur halb, doch ausreichend sichtbar, um die kraftvolle Bewegung des Mähens auszudrücken. Ein älterer Bauer geht hinter ihm her und bindet die Halme zu Garben, aus der Entfernung kommt ein weiterer Schnitter hinzu. Die Frau im Vordergrund hebt eine Garbe, um sie zur Hocke zu stellen. Rechts neben ihr ein Kind in einem kleinen Handwagen. Ältere Dorfbewohner werden sich erinnern: Wenn Ernte war, mußten alle mit auf's Feld. Die Bäuerin kam nach und brachte in einer tönernen Kruke köstliches Naß.

Heinrich Breling hat das Bild streng komponiert. Das Feld steht im Mittelpunkt, der Horizont ist nur angedeutet. Zwei Diagonalen gehen durchs Bild, die den Blick immer wieder auf das geheime Zentrum, auf Mutter und Kind, lenken. Breling läßt das Kind in seinem nah ans Feld gestellten Wagen staunend nach den Kornblumen greifen, die es überragen. Trotz Hut und gebeugter Haltung nimmt die Mutter Anteil, will das Kind bei der Entdeckung der Welt nicht stören.

Kornernte, um 1910, Öl/Leinwand, 92 x 110 cm

Pflügender Bauer

Das Bild „Pflügender Bauer" ist vielleicht Heinrich Brelings letzte Arbeit, bevor er am 6. September 1914 einem Herzversagen erlag. Mit diesem Bild schließt sich der Kreis seines künstlerisch-biografischen Werdegangs. Als zeichnender Hütejunge war er ein „Sohn des Dorfes" geworden, auf dem Höhepunkt seiner Karriere, nicht seines Schaffens, wurde er Professor in München. Und nun kam er in seine Heimat zurück, die viel von ihrer Ursprünglichkeit bewahren konnte.

Der Bauer hinter dem Pflug schreitet in die Bildmitte hinein. Das Ganze ist nicht ohne Symbolik. „Für einen Künstler zählen weder Ruhm noch Ehrgeiz, er muß seine Arbeit tun, weil der liebe Gott es so will, so wie ein Mandelbaum seine Blüten treibt." Paul Cézannes Ausspruch könnte auch über Heinrich Brelings Leben als Motto stehen.

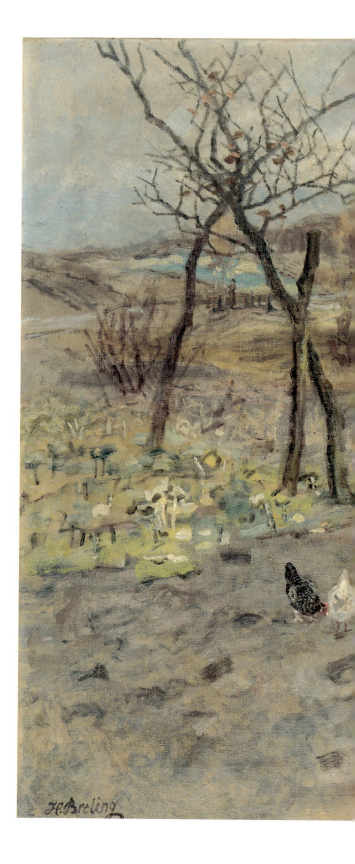

Pflügender Bauer in der Bredenau, 1914, Öl/Leinwand, 75 x 100 cm, Privatbesitz, Cuxhaven

Stilleben mit Obstschale

Heinrich Brelings Stilleben gehören zum Besten seines Schaffens. Das Stilleben mit Obstschale kann sich mit den schönsten Stilleben von Trübner und Schuch messen. Auf die weiße Tischdecke läßt der Maler Licht in breitem Pinselduktus fließen. Alles ist kraftvoll gemalt - ein Fest für die Augen. Mit sicherem Gespür für Komposition wurde die Tischdecke zur Mitte gerafft und die Tischkante freigelegt. Dadurch ergibt sich eine diagonale Teilung der unteren Bildhälfte. Breling gibt dem Bild durch diesen Kunstgriff Halt und Spannung. Der Tisch ist aus dunklem Holz. Kaum Glanz bricht sich an seiner Oberfläche. Die unregelmäßige Kante deutet auf steten Gebrauch. Vermutlich ist es der Ateliertisch, der in seiner stumpfen Oberfläche im Kontrast zur gleißenden Pracht der übrigen Dinge steht.

Stilleben mit Obstschale, um 1910 , Öl auf Leinwand, 68,5 x 60 cm, Landeshauptstadt Hannover

Gemüsestilleben, um 1910, Öl/Pappe, 60 x 73 cm, Landeshauptstadt Hannover

Stilleben mit Messer, um 1910, Öl/Pappe, 64,2 x 66,6 cm, Privatbesitz, Delmenhorst

Katze auf dem Flett, um 1907, Öl/Leinwand, 30 x 38 cm, Privatbesitz, Fischerhude

In der Küche, um 1910, Öl/Leinwand, 64 x 81,5 cm

Selbstporträts

In den letzten Jahren seines Lebens konzentrierte sich Heinrich Breling vor allem auf das Malen von Selbstporträts. Er verließ nur selten seinen Arbeitsraum und schloß sich zum Malen ein.

Hier entstanden zehn Selbstbildnisse. Es wird berichtet, er habe für seine sechs Töchter und seine Frau sieben Portraits gemalt, als Vermächtnis sozusagen. Ob es wirklich so war, bleibt offen. Da es, soweit bisher bekannt, drei weitere gibt, soll deren Herkunft kurz erklärt werden: Eine Leinwand ist doppelseitig bemalt. Auf der Rückseite ein frühes Selbstporträt auf dem Atelierstuhl mit gelber Rückenlehne (Abb. Seite 86); die Vorderseite zeigt vermutlich eines seiner letzten Porträts (Abb. Seite 92). Ein Selbstporträt befindet sich im Besitz der Landesgalerie des Niedersächsischen Landesmuseums in Hannover und wurde schon 1912, aus der 80. „Großen Kunstausstellung" des Kunstvereins Hannover durch die Stadt angekauft (Abb. Seite 89). Ebenfalls aus dieser Ausstellung (Kat.-Nr. 61) wurde ein weiteres Breling-Selbstbildnis („Vor der Staffelei") vom Kunstverein für eine Verlosung erworben (Abb. Seite 88).

Zum Porträt auf Seite 6: Neben den anderen Werken sind die Atelier-Selbstporträts seine bewegendsten Schöpfungen. Das Gesicht leuchtet, einem Rembrandtporträt vergleichbar. Keine dramatische Beleuchtung, sondern silbriges Licht fällt auf seine Züge. Die sparsame Gestik, der ein wenig zur Seite geneigte Kopf und die großartig gemalte, nachdenklich ans Kinn gehaltene Hand zeigen trotz des prüfenden Blicks einen beherrschten und selbstsicheren Maler.

Selbstporträt im Freien

Josephine - genannt Jossi - bekam das nebenstehende Bild. Die musikbegabte Malertochter studierte zum Zeitpunkt, als es entstand - um 1912 -, am Berliner Konservatorium. 1918 heiratete sie den Dirigenten Hans Schultze-Ritter. Die Staffage ist auf eine angedeutete sommerliche Landschaft mit Himmel reduziert. Brelings gewohnte Kopfbedeckung fehlt. Auge in Auge sitzt er sich gegenüber und mal sein gealtertes Gesicht. Die Brille ist über die Augenbrauen geschoben - für das, was es hier zu erkennen gilt, braucht er keine Brille. Die wichtigsten Dinge im Leben sind ohnehin nicht sichtbar.

Selbstporträt im Freien, um 1912 , Öl /Leinwand, 83,5 x 69 cm

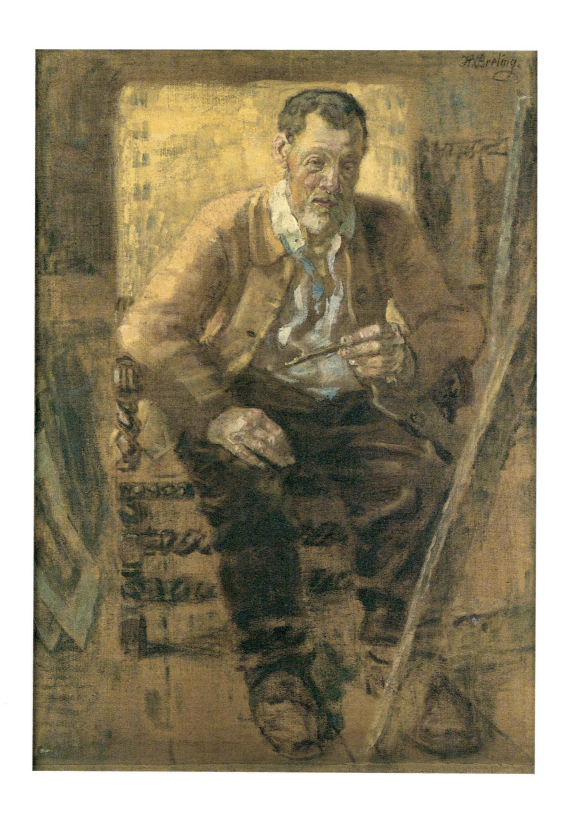

Selbstbildnis vor der Staffelei, um 1910 , Öl/Leinwand, 87,5 x 59 cm

Selbstporträt mit schiefer Mütze, um 1910 , Öl/Leinwand, 91 x 67 cm

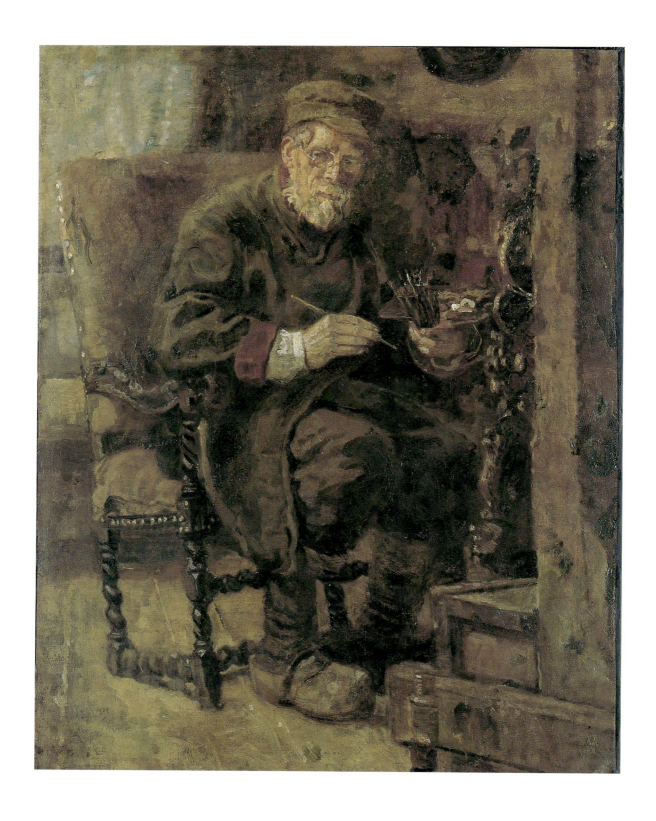

Selbstbildnis vor der Staffelei, um 1911, Öl/Leinwand, 90 x 68 cm, Privatbesitz, Ketsch

Selbstporträt vor der Staffelei, um 1911, Öl/Leinwand, 90,2 x 70,5 cm
Niedersächsisches Landesmuseum, Hannover, Landesgalerie

Selbstporträt mit Stock und Handschuhen, um 1912, Öl/Leinwand, 99 x 74,5 cm, Privatbesitz, Fischerhude

Selbstporträt, um 1912, Öl/Leinwand, 101 x 74 cm

Selbstporträt mit Pinsel, um 1912, Öl/Leinwand, 87,5 x 59 cm (doppelseitig bemalt, siehe Seite 86)

Selbstporträt (unvollendet), um 1914, Öl/Leinwand, 88 x 64 cm

Säbelführender Kavallerist, um 1895, Öl/Leinwand, montiert auf Holz, 61 x 48 cm

Die Schlachtenbilder um Beaune-la-Rolande
Christian Modersohn

Nach der Reichsgründung 1871 setzte eine Zeit der Glorifizierung des gewonnenen Krieges gegen Frankreich ein. Eine Vielzahl von Denkmälern entstand, die dem neuen nationalen Selbstbewußtsein Ausdruck gab. In München stand König Ludwig II. (1845-1886) dem Krieg gegen Frankreich an der Seite Preußens distanziert gegenüber, da er gerne die Neutralität Bayerns gewahrt hätte. Bayern war aber, nach dem verlorenen Krieg von 1866 an der Seite Österreichs gegen Preußen im Streit um Schleswig Holstein, durch ein geheimes Schutz- und Trutzbündnis nach der Kriegserklärung Frankreichs vom 19. Juli 1870 zur Bündnistreue gezwungen. Bei den Siegesfeiern und der Proklamation des Kaisers in Versailles war Ludwig II. nicht anwesend. Er ließ sich durch seinen Onkel Prinz Luitpold und seinen Bruder Prinz Otto vertreten. Da Bayern das zweitgrößte Land und die älteste Monarchie in Deutschland war, hatte Bismarck Ludwig gebeten, den König von Preußen als Deutschen Kaiser vorzuschlagen. Ludwig kam dieser Aufforderung nach und forderte im Gegenzug Sonderrechte für Bayern. In Friedenszeiten behielt Bayern als einziger deutscher Staat die Hoheit über Bahn, Post und Militär. *

König Ludwig II., „Der letzte wahre König des Jahrhunderts" (so der französische Dichter Paul Verlaine) war eher den schönen Dingen, wie Architektur und Musik zugeneigt. Sein Verständnis für Bildende Kunst war hingegen restaurativ. Böcklin und Feuerbach mochten deshalb nicht für ihn arbeiten.

Diese antipreußische und antimilitaristische Haltung im Wesen des Königs macht vielleicht verständlich, weshalb es in München auf den großen jährlichen Kunstausstellungen im Glaspalast nur spärliche Beispiele für eine verherrlichende Schlachtenmalerei des 70/71-Krieges gab. So waren auf der 2. Münchener Jahresausstellung von 1890 nur drei Bilder zu sehen, jeweils eines von Franz Amling (1853-1894), Wilhelm Velten (1847-1929) und Claus Mayer (1856-1919), die sich dieses Themas annahmen. Breling zeigte ein für ihn typisches, kleines Bild „Trinkender Mann mit Kellnerin". Im Vergleich mit den damals gezeigten Beispielen etwas süßlich geratener Genremalerei der Münchener Schule mögen diese auch wohl malerisch interessanten Schlachtenbilder für Heinrich Breling eine Anregung gewesen sein, sich eigenes Kriegserleben zu vergegenwärtigen, um nach mitgebrachten Skizzen und eingehendem zeichnerischen Studium vor Ort in Frankreich, ein großes, vielfiguriges Schlachtengemälde zu beginnen. Vielleicht war dies für Breling auch erst nach dem Tod Ludwigs im Jahr 1886 möglich. Bis dahin war er einerseits wesentlich mit Auftragsarbeiten für Linderhof und Herrenchiemsee beschäftigt, andererseits hätte Ludwig II. die Darstellung preußischer Kriegshandlungen von seiner Hand vielleicht nicht goutiert, wie es wohl auch in München keine Auftraggeber oder Abnehmer für Kriegsbilder gab.**

* St. Joss, König Ludwig II.
Ausstellungskatalog
Städtisches Museum
Rosenheim/Bayern,
1999

** Adelheid Modersohn:
H. Breling - Die
Schlachtenbilder
Aufsatz zum Werkverzeichnis
von H. Breling
(unveröffentlicht)

In München war der Konflikt zwischen Künstlergenossenschaft und künftiger sezessionistischer Bestrebung vorhersehbar. Seine Arbeiten für Ludwig II. und das in den letzten Jahren zurückgezogene Leben in Schleißheim entfremdeten Heinrich Breling der Münchener Kunstwelt, die zunehmend von Künstlern wie Stuck und Lenbach dominiert wurde, deren Anschauungen und Auftreten Breling wiederum befremdet haben mag. (Erinnerungen Amelie Brelings.) Die Blütezeit der Münchener Genremalerei war vorbei. Die ihm aus Hannover angebotene Professur an der Polytechnischen Hochschule in Hannover kam in dieser Situation gerade recht. Ein Neubeginn enthob ihn somit auch einer eindeutigen Stellungnahme für oder gegen die Sezession, der viele seiner Maler-Freunde beigetreten waren.

Wenig später, das Bild der Schlacht um Beaune-la-Rolande war noch nicht vollendet, verließ Breling München. In Hannover erhoffte er wohl auch eine bessere Resonanz auf dieses für ihn neue Genre. Das Schlachtenbild war für Heinrich Breling in jeder Beziehung ein Neuanfang. Galt er bisher eher als ein Kleinmeister intimer Genremalerei, bot ihm schon das ungewohnt große Format dieses Bildes auch einen deutlichen malerischen Einschnitt. Das malerich bedeutende Fischerhuder Spätwerk ist ohne die vorherigen künstlerischen Erfahrungen Brelings, die ihm die Schlachtengemälde mit ihren fordernden Großformaten abverlangten, nicht denkbar.

Zur Geschichte des Bildes

Heinrich Breling hatte an der Schlacht um Beaune la Rolande (Dep. Loiret) bei Pithiviers selbst teilgenommen. Sie fand am 28. November 1870 statt und entwickelte sich im Gebiet nordwestlich von Orleans aus dem Versuch der französischen Loire-Armee, das belagerte Paris zu entsetzen. Den Einschließungsring um die französische Hauptstadt bildeten bayerische, preußische und sächsische Korps (Maas-Armee und III. Armee) des deutschen Heeres.

Strategisch gedeckt wurden die Belagerungstruppen durch die Armee des Prinzen Friedrich Karl von Preußen nördlich der Loire. Ihren linken Flügel, das preußische X. Armeekorps (Hannover) unter General von Voigts-Rhetz, traf der Hauptstoß der nach Norden in Richtung Paris angreifenden französischen Loire-Armee. Zum Brennpunkt der Schlacht wurde die kleine Stadt Beaune-la-Rolande, auf die die weit auseinandergezogenen Linien der deutschen Verteidigung unter dem Druck des französischen Angriffs zurückgenommen werden mußten. Die Stadt selbst verteidigte das Infanterie-Regiment No 16 aus Hannover und das Infanterie-Regiment No 57 aus Wesel, bei dem Breling gedient hatte.

Die wachsende Krise der Verteidigung erreichte um die Mittagszeit des 28. mit der sich anbahnenden Einschließung von Beaune-la-Rolande durch Kräfte des 20. französischen Korps (General Crouzat) ihren Höhepunkt. Die Aussicht auf das

Episode aus der Schlacht bei Beaune-La-Rolande
1891, Öl /Leinwand
177 x 237 cm
signiert unten links:
H. Breling, Schleißheim 1891
Niedersächsisches
Landesmuseum Hannover
Landesgalerie
Inv.-Nr. PNM 322

Eingreifen der anmarschierenden 5. brandenburgischen Division, entschied die Wahl zwischen der Fortsetzung der Verteidigung und der Räumung der Stadt. Den Infanterie-Regimentern 16 und 57 gelang es, Beaune bis zum Eintreffen der 5. Division zu halten. Das leitete die Wende der Schlacht ein. Mit dem Heraufziehen der Abenddämmerung brachen die französischen Truppen den Kampf ab.* Es wurde erbittert in der Umgürtung von Beaune-la-Rolande und den Barrikaden im Orte mit dem Bajonett gefochten. Die Stadt wurde völlig zerstört.

Auf französischer Seite kämpften u.a. die Maler Éduard Manet (1832-1883), Pierre Auguste Renoir (1841-1919), Edgar Degas (1834-1917) und Jean Frédéric Bazille (1841-1870). Bazille fiel in dieser Schlacht und ist in Beaune begraben.**

Zur Darstellung im Bild

Das Bild stellt die Verteidigung eines Gehöftes am Dorfeingang dar. Eine Kompanie des 16. Infanterie-Regiments steht im heftigsten Feuer, man hat aus Wagen, Fässern und Möbeln eine Barrikade über die Straße errichtet, hinter der sich die Krieger zum Widerstand gegen die anstürmenden Franzosen verschanzen. Fast jeder Kopf ist ein Porträt und das Ganze von bestechendem Realismus. Das Bild ist in der Farbe in einem kühlen Grauton gehalten. Ein schlichtes, strenges Haus mit zerschossenen Fensterläden dominiert das Getümmel der Soldaten. Aus der mittleren Fensteröffnung wird eine gestreifte Matratze heruntergelassen, die, ebenso wie anderer Hausrat, zum Barrikadenbau verwendet werden soll. Zu diesem Bild, wie auch zu den anderen Schlachtenbildern, gibt es zahlreiche Skizzen, die Breling zum Teil schon während des Krieges zeichnete und seine unmittelbare Beteiligung dokumentieren. Diese Bilder sind in keiner Weise kriegsverherrli-

* Reinhard, Oberstleutnant; Emmich-Cambrai-Kaserne, Hannover-Langenhagen; Texte zum Bild

** L. Schreiner; Bestandsverzeichnis der Landesgalerie im Niedersächsischen Landesmuseum Hannover, 1990, Seite 39

Verteidigung des Kirchhofs von
Beaune-la-Rolande
um 1895
Öl/Leinwand
Format unbekannt
Ankauf der Stadt Hannover im
Januar 1900
Verbleib unbekannt

chend. Sie haben nichts Psychologisierendes noch Symbolisierendes. Es sind Protokolle eigenen Erlebens, die in einer nahezu neuen Sachlichkeit ein hohes Maß an objektivierender Darstellung suchen. Die Brelingschen Schlachtengemälde gehören zu den bedeutendsten Bildern dieses Genres. Sie vermögen neben den besten Bildern eines Franz Krüger (1797-1857), Ernest Meissonier (1815-1891), und Adolf Northen (1828-1876) zu bestehen.

Das Bild „Episode aus der Schlacht bei Beaune-la-Rolande" begann Breling noch in München. Es ist signiert: Schleißheim 1891 und hieß vormals „Verteidigung von Beaune-la-Rolande". Unter diesem Titel wurde es 1891 im Münchener Glaspalast und 1894 als Nr. 708 in der Großen Berliner Kunstausstellung gezeigt. Als es im darauffolgenden Jahr in der 63. Kunstausstellung in Hannover zu sehen war, wies es einige Veränderungen auf, die auch von der Presse registriert wurden. Aus dieser Ausstellung heraus wurde es von der Stadt Hannover angekauft. Das Landesmuseum Hannover hat es in den frühen 70er Jahren an die Offiziersschule des Heeres in der Emmich-Cambrai-Kaserne in Hannover-Langenhagen ausgeliehen, wo es bis heute im Kasino auf Wunsch zugänglich ist. Heinrich Breling wurde für dieses Bild in der Kunstkritik sehr gelobt. Der städtische Ankauf und das lebhafte Interesse der Veteranenvereinigungen und Regimenter in Hannover und Wesel an diesem Bild, veranlaßten ihn, auf den ersten Erfolg aufbauend, zu weiteren Schlachtengemälden im großen Format, die ihm ein Auskommen als Maler ermöglichten. Neben den eigenen Gemälden gab es Anfragen von höchster Stelle, große Schlachtenbilder von Adolf Northen (1828-1876) und Eduard Frederich (1811-1864) zu kopieren. Den einen oder anderen Auftrag führte er aus, wie sich seiner Korrespondenz entnehmen läßt. Diese Arbeiten wurden mit verhältnismäßig geringem Aufwand an Zeit und Energie bewältigt.

Sturmangriff
Öl/Leinwand
185 x 320 cm
Stadt Wesel
Preußen-Museum
Inv.-Nr. 36

Am 20. Januar 1900 hat die Stadt Hannover ein weiteres Bild mit dem Titel: „Verteidigung des Kirchhofes von Beaune-la-Rolande" zum Preis von 1200 Mark für das Kestner Museum gekauft. Es zeigt die Verteidigung des Kirchhofes von Beaune-la-Rolande durch eine Kompanie des Weseler Infanterie-Regiment No 57 unter Hauptmann Feige. Die letzten Verstärkungen des Regiments 16 (Hannover) erreichen den Kirchhof und beteiligen sich an der Abwehr des zweiten französischen Vorstoßes. Das Bild befindet sich nicht im Bestandsverzeichnis der Landesgalerie Hannover.

Für die Garnison in Wesel fertigt er bis 1908 eine abweichende Kopie dieses Bildes an. Ebenfalls für Wesel entstand „Sturmangriff" seine wohl größte Arbeit im Format 185 x 320 cm, das eine vorgerückte Verteidigungslinie im offenen Feld zeigt. Im Zentrum eine bewegte Figurengruppe, die für Verstärkung der vordersten Linie sorgen soll. Ganz links erkennt man die Dorf- bzw. Kirchhofsmauer von Beaune-la-Rolande. Beide Bilder befinden sich heute im Preußen Museum der Stadt Wesel und sind öffentlich zugänglich.

Der Verbleib eines weiteren Kirchhofbildes ist ungeklärt. Es zeigt ein vielfiguriges Kampfgetümmel über Gräbern. Auffällig ist die Porträtnähe vieler Krieger, die sich wohl möglichst ähnlich von Breling verewigt wissen wollten. Durch die nicht immer geglückt erscheinende Proportionierung vieler Porträts, die zudem den Betrachter frontal anschauen, erscheint dieses Bild - soweit man das nach einem alten Foto beurteilen kann - seltsam gestellt, fast unrealistisch.

Ein letztes Bild malte Heinrich Breling um 1912. Es wurde erst 1916 von der Stadt Hannover angekauft. Im Format 130 x 200 cm ist es wohl eines der kompositorisch

Heldenmütige Verteidigung des Kirchhofes von Beaune-la-Rolande
Öl/Leinwand
Format unbekannt
Verbleib unbekannt

beeindruckendsten Schlachtengemälde, ein wahres Anti-Kriegsbild in der Darstellung von Kampf, geschundener Kreatur und Tod.

Daneben gibt es einige Studien zu diesen Bildern, die eine hohe Malkultur verraten und unabhängig von ihrer Bestimmung zur Vorklärung größerer Gemälde, auch für sich genommen großartige Malerei sind.

Schlachtenbild
um 1912
Öl/Leinwand
130 x 200 cm
signiert unten links:
H. Breling
Erworben durch die Stadt Hannover 1916
Niedersächsisches Landesmuseum Hannover
Landesgalerie
Inv.-Nr. KM 68/1916

Verteidigung des Kirchhofs von Beaune-la-Rolande, um 1907, Öl/Leinwand, 123 x 198 cm, Stadt Wesel, Preußen Museum, Inv.-Nr. 37

Studie für das Schlachtenbild, um 1912, Öl/Malpappe, 40 x 69 cm

Soldatenstudie, um 1895, Öl/Leinwand, 52 x 36 cm

Soldat mit Pferden, um 1895, Öl/Leinwand, 52 x 36 cm

Lafette und stürzender Soldat, um 1895, Öl/Leinwand, 37 x 64 cm, Privatbesitz, Fischerhude

Zwei Pferde, um 1895, Öl/Leinwand, 48 x 47 cm

Braunes Pferd, um 1911, Öl/Leinwand, 79 x 44 cm

Gestürztes Pferd, um 1911, Öl/Leinwand, 29 x 30 cm

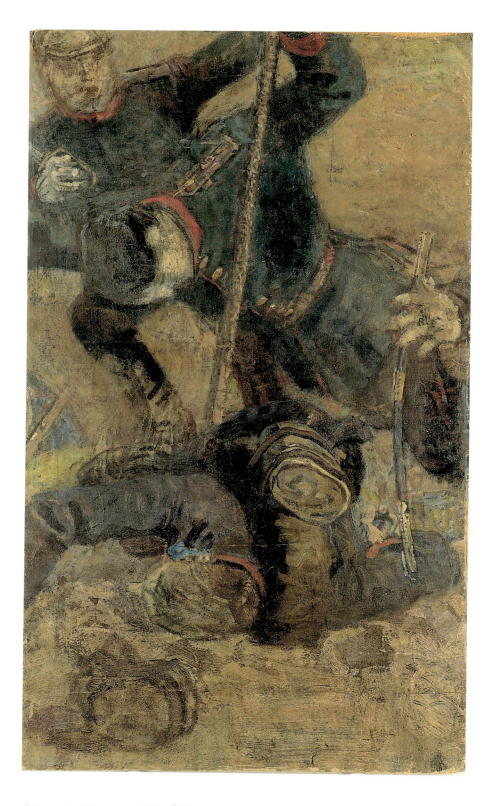

Stürzender Krieger, um 1911, Öl/Leinwand, 106 x 60 cm

Exerzierender bärtiger Soldat, um 1911, Öl/Leinwand, 36 x 38 cm

Der Jäger, um 1911, Öl/Malpappe, 64 x 50 cm, Stadt Burgdorf

Präsentierender Soldat, um 1911, Öl/Leinwand, 70 x 29 cm

Anmerkungen zu Leben und Werk von Heinrich Breling
von Jörg Paczkowski

Heinrich Brelings Werk ist komplex, überraschend, faszinierend und zu Unrecht leider fast unbekannt. Wie ist es zu erklären, daß sein Name kaum in der Fachliteratur erscheint, weder bei Uhde-Bernays, jenem genialen, zeitgenössischen Beschreiber der Münchner Künstlerszene, noch bei Eberhard Ruhmer in seinem beeindruckenden Buch „Der Leibl-Kreis und die Reine Malerei"? Lediglich im Ausstellungskatalog „Die Münchner Schule 1850 - 1914" von 1979 wird kurz auf ihn eingegangen: „Heinrich Breling ist seinem Vorbild (Wilhelm Diez; Anm. des Verf.) am stärksten treu geblieben, thematisch und stilistisch. Wie Diez wählte er gern Szenen aus dem 17. Jahrhundert, speziell aus dem Dreißigjährigen Krieg, als Motive für seine Bildwelt. Stärker als sein Lehrer trennte er die Menschen vom Hintergrund und war im ganzen großfiguriger. Besonders populär wurde er durch seine Ansichten des Schlosses Linderhof." In dieser summarischen Zusammenfassung findet nur eine Seite des Werkes von Heinrich Breling Beachtung. Ebenso erscheint im ersten Band der Münchner Maler in Bruckmanns Lexikon lediglich der Hinweis, daß „Breling ein typischer Vertreter der Diez-Schule" sei, „der gleich seinem Lehrer Szenen am Rande der Kriegsereignisse thematisierte ..."

Diez wird mit seinem ganz „malerisch gehaltenen Realismus" und seiner „feinen, farblich sensiblen Genre- und Gesellschaftsmalerei", seiner Skizzenhaftigkeit und seinen tiefaufleuchtenden Farbkontrasten einen großen Einfluß auf das Frühwerk Heinrich Brelings haben. Uhde-Bernays hat über Diez hintergründig einmal geschrieben, daß er „allen bedächtigen Weisen des wohlgeordneten Münchner Kunststaats verdächtig" war. Diez war sozusagen der Gegenpart von Karl Piloty (1826-1886), der mit seiner „Kostümmalerei", seinem „Theaterrealismus" viele Schüler angezogen hatte, darunter auch Marées, Makart, Defregger, Lenbach und auch Leibl, die bei ihm ein gediegenes malerisches Handwerk erlernten. Auch Diez gehörte zu den Piloty-Schülern. „Er galt schon bald als großer Kolorist und Überwinder der bis dahin alleinseligmachenden Kontur, des raffaelitischen Schönheitskanons. Diez verhalf dem Prinzip des „Nur-Malerischen" in der damaligen Münchener Malerei zum Sieg." (G. J. Wolf, März 1917 in „Die Kunst", Seite 201).

Bis zu seinem Rückzug nach Fischerhude war Heinrich Breling zeitweilig sehr populär. Noch 1914 erscheint in einer Serie von Kunstblättern bei Reclam seine Darstellung „Episode in der Schlacht bei Beaune-la-Rolande". Wenn er erwähnt wird, heißt es dann immer wieder: „Heinrich Breling, Genremaler und Radier. Seine im kleinen Maßstab ausgeführten Bilder behandeln meist Volks-, Wirtshaus- und Soldatenszenen (30jähriger Krieg)." Bis heute ist Heinrich Breling meist nur durch seine Aquarelle für König Ludwig II. von Bayern in Herrenchiemsee und Linderhof und als der „Hannoveraner Schlachtenmaler" bekannt.

Einschneidend für seinen künstlerischen Werdegang war die Arbeit am bayerischen Königshof. So erfahren wir 1881 aus einem Telegramm vom Hof: „Majestät wünscht,

Sie möchten zu weiteren Aufnahmen sogleich hierher kommen." Damit war der Lieblingssitz von Ludwig II., Schloß Linderhof, gemeint. Breling war dort fast jedes Jahr gewesen und hat dort viel im Freien gearbeitet. Aus den Lebenserinnerung seiner Tochter Amelie erfahren wir: „Papa hat die fertigen Bilder hingebracht, die dem König zum Frühstück überreicht werden, der freut sich dann immer sehr dazu" und an andere Stelle finden wir den wichtigen Hinweis: „Papa ist sehr vergnügt, er soll die Beleuchtung für die Grotte einrichten, die genauso blau sein soll wie die Grotte zu Capri."

Damit Breling auch bei schlechtem Wetter im Freien arbeiten konnte, erhielt er ein fahrbares Häuschen - besonders für das Aquarellmalen. „Das Malhäuserl mit winzigem Oferl konnte man überall hinschieben ... Papa malt vormittags im Schloßgarten und nachmittags an der Hundingshütte." Der König ging schweigend im Garten an Breling vorbei, „um ihn nicht bei der Arbeit zu stören". Wie eng die Beziehungen zwischen dem König und dem Maler Heinrich Breling war, wird aus folgender Passage aus Amelie Brelings Erinnerung deutlich: „Papa hat den König gemalt, wie er in seinem goldenen Schlitten sitzt. Ein fremder König bekommt das Bild von unserem geschenkt. Es ist nicht groß, aber es soll ein großes Kunstwerk sein. Man sagt, der König war ganz aus dem Häuschen, wie er es bekam." Die Übergabe sollte sogar nachts um 1 Uhr stattfinden. „Der König ist furchtbar groß, aber angezogen wie alle Männer, kein Schwert und kein Zepter wie Könige im Märchen."

Heinrich Breling erlebt auch den Bau von Neuschwanstein mit und weilt dazu auf Schloß Hohenschwangau. „Neu-Schwanstein ist noch im Bau und soll eine altdeutsche Burg nachvorstellen. Papa wurde, weil er so viel von Stil versteht, mit zu Rat gezogen. Ich weiß nicht, was Stil ist, aber ich ahne, daß es mit der Zeit zusammenhängt, als die Ritter früher solche Burgen bauten. Papa hat auch in Herrenchiemsee zu tun."

Was die Begeisterung des Königs für die Malerei anbelangt, da hat der Breling-Freund Leibl eine andere Meinung: „Der König Ludwig II. gibt nur Geld für Theater und dergleichen aus und kümmert sich um Malerei gar nicht."

Der Freundeskreis um Heinrich Breling erweitert sich - trotz seiner Nähe zum König. So gehören Gotthard Kuehl, Wilhelm Trübner, Anton Zügel und der bereits erwähnte Wilhelm Leibl dazu. Zudem verbindet ihn eine enge Freundschaft mit Friedrich August von Kaulbach, den er noch von Hannover her kennt und mit dem er auch in München viel zusammen ist. Kaulbach entwickelt sich - nachdem sein freier, eiliger Pinselstrich und die Erfassung spontaner Augenblicke für ihn kennzeichnend war - zu einem Gesellschaftsmaler mit Repräsentationsporträts und Idealbildern der Gründerzeit und des Jugendstils. Gotthard Kuehl aus Lübeck, der später sowohl in der Münchner als auch in der Berliner Sezession zu finden ist, zeigt große Verwandtschaft zu Breling. Mit seiner spontanen und gelösten Handschrift wird er einer der wichtigsten Vertreter des deutschen Impressionismus. Von größter Bedeutung war die Zentralfigur in München, Wilhelm Leibl, der den engen Kontakt nach Frankreich pflegte - besonders zu Courbet. 1869/70 war er bei Courbet in Paris, nachdem Courbet 1869 in München gewesen war.

Eine künstlerische und familiäre Freundschaft verband Breling mit Wilhelm Trübner, der sich von 1871 bis 1878 in München aufhielt. „Herr Trübner ist auf ein paar Tage nach Linderhof gekommen, ein schwedischer Maler und ein Engländer - ein Indienforscher", notierte Amelie und wir erfahren weiter: „Als die Eltern nach Paris und London reisten, sah Frau van Gelder und Herr Trübner täglich nach uns Kindern." Trübner, der das Reinkünstlerische und Reinmalerische zu seiner Kunstmaxime erhoben hatte, tendierte anfänglich zur Historienmalerei und zeigte, wie zunächst auch Heinrich Breling, Sympathien für das Militärische. „Reiten und Säbelführen, in meinen Reiterbildnissen haben ich es zu verbinden gesucht, das Malen und das Soldatische". Uhde-Bernays schrieb über Trübners Werk: „ ... sogar im Dunkeln des deutschen Winters leuchteten die Farben gleich Edelsteinen."

Brelings Werk - besonders das Fischerhuder Spätwerk - entsteht im Spannungsfeld zwischen Realismus, Naturalismus und Impressionismus, denn wie Uhde-Bernays es formulierte: „Vor Courbet war der Naturalismus als extremer Realismus in München eingezogen" und Ekkehard Randebrock hat dann - gleichsam fortsetzend - den beginnenden Impressionismus als „letzte Steigerung des sensualistischen Naturalismus" bezeichnet, d. h. also, es ging immer um die optische Erscheinung der Wirklichkeit und der objektiven Wiedergabe des Naturvorbildes und daß alle Einzelheiten den gleichen Rang im Kunstwerk erhalten. Monet beispielsweise empfindet die Landschaft „objektiv" und läßt sich von ihr beeinflussen. Welche Bedeutung Monet für Heinrich Breling hatte und welche Wertschätzung er gegenüber dessen Werk empfand, wird aus einer fast nebensächlichen Bemerkung deutlich. Als Otto Modersohn mit seinem Schwiegervater Breling in Berlin war, notierte Otto Modersohn: „Wir begeisterten uns für viele Franzosen in der Nationalgalerie, vor der Monet'schen Sommerlandschaft sehe ich Vater Breling noch: „Oh-oh, mit nichts gemalt, hm -hm."

Die Franzosen waren damals auch für die Münchner Gruppe um Leibl von größter Bedeutung. Und Courbets Credo von der „Übereinstimmung von Darstellung und tatsächlicher (seiner eigenen) Erfahrung" sowie das Nichtvorhandensein einer „Hierarchie nach Wichtigem und Unwichtigem" hat zweifelsohne auch für den Münchner Freundeskreis um Breling gegolten. Als Courbet 1869 in München war und dort ausstellte, ging er in der Ausstellung zum Bild der „Frau Gedon" von Leibl und hielt es für das wichtigste Bild. Damit wird deutlich, wohin die Münchner Malerei sich hätte entwickeln können. Doch man ging einen anderen Weg.

1876 schreibt Wilhem Leibl in einem Brief an seine Mutter folgende Sätze: „Meinem Prinzip gemäß kommt es nicht auf das ‚Was' an, sondern aufs ‚Wie', zum Leidwesen der Kritiker, Zeitungsschreiber und des großen Haufens, denen das Was die Hauptsache ist, weil die einen hierin ja ihr Objekt finden, über das sie sich nach Belieben verbreiten können und die andern auch daran etwas haben, worüber sie schwätzen können, das Wie aber etwas ist, was erstens sehr wenige verstehen, zweitens aber auch kaum beschrieben werden kann, was es auch nicht nötig hat, denn es ist ja gemalt und jeder soll sich's selbst anseh'n, und wenn einer der Rechte ist, so wird er finden, was er sucht. Beinahe aber hätte ich noch eine Kategorie vergessen, denen das ‚Was' die Hauptsache ist und das sind die deutschen Künstler selbst. Bei diesen wird wohl der Grund darin zu finden sein, daß, wie jeder Deutsche weiß, die Deutschen Gelehrte sind und andere immer belehren wollen."

Doch zunächst ist Breling hin und her gerissen. Obwohl er sich eigentlich schon entschieden hat, will er seinen Förderer, Ludwig II., nicht enttäuschen. Seine Tochter Amelie hat die damalige Situation in München treffend beschrieben: „Die zwei Maler und Papa haben viel über München gesprochen, und daß es dort für die Künstler ganz anders wird, wenn die Maler Stuck und Erler und wie sie alle heißen ans Ruder kommen. Papa und alle Diez-Schüler mögen die großen französischen Maler so gern und wollten, daß sie in München gezeigt werden, aber die Herren ‚Schönmaler', die fast alle Böcklin nachahmen, haben es verhindert. Nun will eine Reihe guter Maler fort von München. Dann ist Papa sehr allein, denn als Professor und Hofmaler kann er nicht fort. Der König würde das nicht gern sehen, und Papa tut so etwas auch nicht. Ja, das hab ich alles nebenbei gehört." Und Julius Meyer-Graefe hat in einem Beitrag über Tschudi geschrieben: „Im Saal der Franzosen - nicht bei Böcklin - liegt die Zukunft."

Brelings Fortzug aus München erfolgte in gewisser Weise zu spät. Erst als er München verließ, nach Hannover und später nach Fischerhude zog, sich gleichsam in seinem Barbizon bzw. seinem Dachau niederließ, malte er die Bilder, die ihn eindeutig zum Leibl-Kreis gehörig machen. Um damit bekannt zu werden, war es jedoch zu spät. In München berühmt und angesehen, harrte er aus, als die Freunde München verließen, ging dann nach Fischerhude, wo man ihn außerhalb dieses Ortes kaum noch zur Kenntnis nahm; wenn doch, dann blieb er der Hannoveraner „Schlachtenmaler" - freundliche Erwähnungen seiner Fischerhuder Bilder, die er zu den Jahresausstellungen des Hannoveraner Kunstvereins schickte, in den Besprechungen der lokalen Presse einmal ausgenommen.

Heinrich Breling hatte den Kontakt nach Norddeutschland nie verloren. Selbst vor dem Oktoberfest „fahren wir im Herbst in Papas Heimat". Fischerhude wird von Amelie als herrlich bezeichnet mit „lauter alten Fachwerkhäusern und bleiverglasten Fenstern." Dieser Satz in ihrem Text erinnert daran, daß Heinrich Breling als Junge dieses Blei aus den alten Fenstern genommen hat, um damit zu zeichnen. „Papa war fürs ganze Dorf ‚Us Heinrich'." Er hatte einst Gänse gehütet und dabei gezeichnet. „Und es hieß früher ‚Brelings Hinnerk kann malen'."

Diese Rückkehr nach Fischerhude war fast gleichbedeutend mit Leibl's Gang nach Dachau, wozu Eberhard Ruhmer anmerkt: „Mit seinem Weggang (gemeint ist Leibl - Anm. d. Verf.) aus München hat er alle eingeladen, ihn abzuwerten oder gar zu vergessen." Zudem hat es einmal über den Leibl-Kreis geheißen, daß er gleichsam publikumsverachtend arbeiten würde, was - bewußt oder unbewußt - in die wirtschaftliche

Katastrophe führen mußte. Ruhmers Buch über den Leibl-Kreis hat eine Kunst zum Gegenstand, „die der erklärten Zielsetzung ihrer Schöpfer nach unpopulär ist. Ihre Theorie bestand darin, daß der echte Künstler auf publikumswirksame Qualität wie schöne und bedeutende Modelle, historische oder anekdotische, also ‚erzählende' Bildinhalte zu verzichten habe, damit das Bild allein durch seine ästhetischen Eigenschaften auf den Betrachter wirke."

Heinrich Breling hat in Fischerhude ein Werk geschaffen, das ganz in diese Denkweise hineinpaßt. Er war unkonventionell, hat so gearbeitet, wie er es für richtig hielt, ohne sich anzupassen und hatte letztlich den Schritt vom Populärkünstlerischen zum Reinkünstlerischen vollzogen. Kunst um der Malerei willen, das wurde schließlich auch sein Credo. Der zeitgenössischen Kunst hat er sich durchaus geöffnet, sie verstanden und akzeptiert. Das zeigt besonders sein Verhältnis zu den Werken von Paula Modersohn-Becker und zur Kunst der Franzosen. Heinrich Brelings Arbeiten in Fischerhude sind zu Unrecht bisher unbekannt geblieben. Seine Arbeiten zeugen von einem unbelasteten, unvoreingenommenen reinen Sehen. Sein sicherer, breiter Pinselstrich führte zu einer Malweise von gelöster Großzügigkeit.

Daß er damit in Norddeutschland finanziell nicht erfolgreich war, wird deutlich aus seinen Gesuchen und Anfragen. 1911 bezeichnet er sich selbst als „Hannoveraner Schlachtenmaler" und schildert in einer Bitte um jährliche Unterstützung beim Militär-Bezirks-Commando seinen Lebensweg und daß er sich „ ... als Maler, speziell als Schlachtenmaler an der Akademie zu München ... " ausbildete. Und in einem anderen Brief schreibt er, daß er einen Beruf nun hätte, der „mir früher manches Schlachtenbild zu bescheidenen Preisen schaffen und an den Mann bringen ließ."

1905 wird eine Reproduktion seines Bildes von der „Verteidigung des Kirchhofes vom Beaune-la-Rolande" aufgelegt und 1906 wird in der Großen Berliner Kunstausstellung eine Mappe herausgebracht, in der auch Werke von Heinrich Breling abgedruckt sind - mit Empfehlung von Kurt Agthe und Franz Skarbina.

Breling arbeitete am liebsten im Freien. So wissen wir von einem vierwöchigen Aufenthalt in Holland. „Dort wollte er am Strand malen. Papa malte alles und Mama hielt die Staffelei im Wind fest." Durch die Freilichtmalerei kommen in seine Bilder immer wieder jene sonnendurchfluteten Farben, die für einen Teil seines Werkes so charakteristisch sind. Malen im Freien bedeutet eben auch Farben und Licht in dem ständigen Wechsel festzuhalten. Heinrich Breling ist in besonderer Weise ein Maler des Lichts. Das Gemälde „Kornernte" als Beispiel, wird vom Sonnenlicht beherrscht, eine helle impressionistische Farbigkeit und doch auch mit dem Naturalismus eines Israëls oder Courbet vergleichbar.

In Fischerhude schuf Breling eine Reihe ungewöhnlicher Bilder, die Menschen in ihrer vertrauten Umgebung darstellten. In seinen Interieurs (Drechslerbilder, Lichtstrahl, Witwer, Küche z.B.) porträtiert er gleichsam Räume. Gelegentlich sind sie figurenlos. Im Bild ist die Darstellung jedes Gegenstandes gleichberechtigt behandelt.

Das Licht kommt meist durch die Fenster ins Innere. Dabei entsteht zuweilen ein gebündelter Strahl, der eine Intensivierung der Stofflichkeit erzeugt. In dem Gemälde „Lichtstrahl" bekommt dieses Motiv, das ja das Kind in der Wiege betont, fast einen religiösen Zug. Die Lichtführung benutzt Breling aber auch zur Erfassung bestimmter Stimmungen und seelischer Momente, wie bei dem Gemälde „Der Witwer". Von schöner Intimität ist sein Bild „Olga bei den Schularbeiten". Ganz auf sich bezogen werden die Schulkinder im Raum dargestellt. Der Bildbetrachter darf nur hineinschauen, er bleibt ausgeschlossen.

Ein besonderes Bild ist sein „Frauenakt mit Spiegel". In einer Rückenansicht wird die ganze Person in voller Leiblichkeit in das Bild gestellt. Es wird nichts geschönt. Der Bildraum wird - wie auf dem Gemälde „Verlobung des Giovanni Arnolfini" von Jan van Eyck - dadurch erweitert, daß man das Gesicht der weiblichen Person in einem Spiegel erkennt, so daß der Dargestellten gleichsam der Blick aus dem Bild ermöglicht wird. Der scheinbar anonyme Akt erhält dadurch sein Gesicht; eine gewisse Intimität bleibt dennoch gewahrt.

Seine wunderbaren Stilleben sind von seltener farbiger Bewegung. Mit leichter Hand behandelt er das Thema reinmalerisch. Trotz farbiger Transparenz und Tiefe zeigen diese Bilder kaum Räumlichkeit.

Einen großen Raum nehmen seine Selbstporträts ein. Er spannt bei dieser Bildgattung den Bogen vom en face mit fast symmetrischem Bildaufbau bis hin zum Maler an der Staffelei. Der Hintergrund mit Schaffung einer bedingten Räumlichkeit wird meist auf wenige Akzente reduziert. Bei den in absoluter Nahsicht gegebenen Porträts werden bei ihm auch psychologische Charakteristika deutlich. Er malt sich nicht idealisierend, sondern so wie er sich sieht. Seine Porträts kommen gelegentlich einer Selbstkarikatur sehr nahe. „Seelische Transparenz ohne Affekt und Effekt", dieser Satz von Uhde-Bernays, den er in einem anderen Zusammenhang formulierte, trifft uneingeschränkt auf Brelings Porträts zu.

Der schöne Satz seiner Tochter Louise Modersohn-Breling in einem Brief aus dem Jahre 1942 an ihren Mann Otto Modersohn, in dem der Rang Heinrich Brelings deutlich wird, kann meiner Meinung nach nicht nur für die Familie, sondern auch ganz allgemein gelten: „Sind wir nicht alle schon eine Einheit geworden? Eine Künstlergeneration, die sich in unseren Kindern fortsetzen wird? Jeder ein besonderes Glied in einer schönen Kette von Tradition. Und wenn auch die Glieder einzeln strahlen, jedes auf seine Art, die Kette muß unzerreißbar sein und gerade das zusammenwirkende Strahlen der verschiedenen Kräfte gibt ihr den besonderen Schein ... Unsere Tradition, von meinen Vater an gerechnet, sollte uns zu einer Einheit zusammenschweißen. Denn was Gutes in uns ist, ist nicht unser eigen Verdienst. Es ist alles Gnade von oben, wir haben nur die Pflicht, es gut zu verwalten."

Der Beitrag von Dr. Jörg Paczkowski ist ein Manuskriptauszug der Eröffnungsrede zur Heinrich-Breling-Ausstellung im Otto-Modersohn-Museum, Fischerhude, gehalten am 18. Dezember 1999. Auf die Angabe von Anmerkungen ist verzichtet worden, damit der Charakter der frei gehaltenen Rede weitgehend erhalten bleibt.

Verwendete Literatur:

Künstler in Fischerhude (Red. Jürgen Schultze), Bremen 1984, S. 9f u. S. 13ff

Jörg Paczkowski / Wolfgang Schuller, Louise Modersohn-Breling (1883 - 1950), Wertheim 1989; S. 32

Kunsturteile des 19. Jahrhunderts, hrsg. von Heidi C. Ebertshäuser, München 1983

Wolf-Dietmar Stock/ Werner Wischnowski, Künstler in der Stille - Fischerhude, Fischerhude 1986

Die Münchner Schule 1850 - 1914, Ausstelungskatalog, München 1979

Eberhard Ruhmer, Der Leibl-Kreis und die Reine Malerei, Rosenheim 1993

Hans Rall/ Michael Petzet, König Ludwig II., München 1974

Heinrich Breling Ausstellung (bearb. von Hans Jürgen Huth), Burgdorf 1985

Realismus als Widerspruch - die Wirklichkeit in Courbets Malerei (hrsg. von Klaus Herding), Frankfurt/M. 1978

Ekkehard Randebrock, Impressionismus - Expressionismus, Polaritäten künstlerischen Schaffens, Stuttgart 1981

Bruckmanns Lexikon der Münchner Kunst - Münchner Maler im 19. Jahrhundert, Bd. 1; München 1981

Hermann Uhde-Bernays, die Münchner Malerei im 19. Jahrhundert, 2. Teil: 1850 - 1900 (neu hrsg. von Eberhard Ruhmer); München 1983

Die Autoren

Christian Modersohn, geboren 1916, Enkel des Malers Heinrich Breling, 2. Sohn von Otto Modersohn und Louise Modersohn, Maler in Fischerhude und Erbauer des Otto-Modersohn-Museums in Fischerhude.

Jörg Paczkowski, Dr., geboren 1951, Leiter des Grafschaftsmuseums in Wertheim/Tauber.

Wolf-Dietmar Stock, geboren 1942, Verleger, Vorsitzender Fischerhuder Kunstkreis e.V.

Das Otto Modersohn Museum, Fischerhude

bittet alle Besitzer von Breling-Bildern um Mithilfe bei der Vervollständigung des Werkverzeichnisses. Otto Modersohn Museum, In der Bredenau 95, 28870 Fischerhude

Impressum

Herausgeber: Gesellschaft Otto Modersohn Museum e.V. und Fischerhuder Kunstkreis e.V.

Redaktion: Rainer Noeres, Wolf-Dietmar Stock

Lektorat: Roseli Bontjes van Beek

© 2000 by Verlag Atelier im Bauernhaus

28870 Fischerhude

Fotos: Erhard Czysty, Bremen

Lithos: Pro Litho, V. Wrobel, Bremen

Druck: Zertani, Bremen

ISBN 3-88 132 089-X